U0035884

AQUARIUS

AQUARIUS

Vision

一些人物，
一些視野，
一些觀點，
與一個全新的遠景！

看見自己的天才

盧蘇偉

全新經典復刻版

【十二週年紀念·再版續言】

永遠要給自己再一次機會

《看見自己的天才》發行十二年，寶瓶文化決定重編再版，希望我能對後續的十餘年的工作及生活，有一個接續的分享。我把這十餘年的經歷分成下列幾個重點：

一、實踐父親的遺願

先父在大愛電視台拍攝《喚醒心中的巨人》一劇而採訪完時，在眾人眼前含笑驟逝，對我有很深的影響。先父在前一日還特別來電與我聊天，當時我正在忙，未能好好聽他說話，他語重心長地提醒我：永不忘自己的初衷，做一個在暗角永續發光的蠟燭，光雖然小，卻可以給暗角的孩子，一輩子的溫暖和希望。我年少困頓求學，受到無數的挫折，最後因堅持而有所突破，先父幾次勉勵我不要追求做一個有錢、有勢、官做大、有影響力的人，而要努力做一個對這個社會真正有幫助的人，就是把自己眼前這份偏差少年的輔導工作，做到世界最好！

先父離去，我曾迷茫過；但每每想到他的期勉，我知道自己人生的方向和價值何在，就是陪這群孩子走人生重要的一段路，讓這些孩子因我的陪伴，人生會有重大的改變。我手上當時都有一、兩百個觀護的孩子，將近半數有接觸毒品，平均中輟五到七次，對自己和未來幾乎是放棄了努力，如何找出他們努力自己的動力呢？我之前就已經進行和實驗的許多模式，都有一些效果，但都不長久；後來接觸到體驗教育的輔導模式，幾經實作發現，把孩子的問題交還給孩子，讓孩子做中學，自己教自己效果最好。我利用小團體和平日的生活主題，與孩子一起進行體驗，最後經由我的提問，孩子自己發現問題，自己提出解決方案，發現是最有效的輔導模式，但輔導的小組，每一次都有一個主題，由淺漸深，由簡而難。

孩子每一次活動結束，都會問下次我們要體驗什麼？我就必須不斷地找主題。一個偶然的機會中，在網路上，我看到日本用獨輪車作為輔導工具，我覺得這是一個很棒的體驗主題。

我花了兩個月摸索和學習，也把獨輪車帶進我的輔導，成為我輔導的重要工具，不僅帶領學習，還在二〇〇六年帶領安置信望愛少年學園的孩子，騎獨輪車環島，不但寫成書（《飛行少年》，寶瓶二〇〇六年出版），還拍成紀錄片，並改編成連續劇，促成台灣獨輪車的學習風潮。整個活動的主軸理念，是要讓這群孩子藉著這個獨特的成功經驗，帶著愛與希望的禮物，為自己做最大的付出和努力，創造人生的所有可能性和機會！這些孩子也沒讓我們失望，在他們的成長路上屢創佳績。

另一件事，是我的大姊盧美貴教授，在一個偶然的機會告訴我，先父生前多次要她勸我：「把書讀完。」我才知道先父不

●飛行少年──盧蘇偉與孩子們的獨輪車千里環島挑戰。

曾直接告訴我，要繼續升學攻讀碩士和博士學位。我知道這件事，心中有許多感慨；但為報答先父的養育和教導，大姊為我學教育，幾十年來不棄不離地提攜和扶持，我下了最大的決心，一定要攻讀博士學位。我很快地完成了台北大學犯罪學的碩士，也順利考取警察大學的博士班。雖有一點小缺憾，我未能完成博士學位（詳細的歷程寫成了《讓天賦飛翔》一書，寶瓶二〇一二年出版），不過，我做了更重要的實踐。

在我幼年時，因生病和弱小，常受排擠和欺負，先父總藉機開導我：當遭受不平待遇和欺凌，別急著說話，先深呼吸，讓自己的頭腦清楚，自己生氣要得到什麼結果？如何得到？想清楚了，再講話。更重要的是，不論遇到什麼事，頭一定要抬起來，面對著陽光；當你面對著陽光，黑暗自然會被拋之腦後。任何事件的發生，都有它的意義和價值，當你正向積極地思考，你就會看見上天賜給你的恩典和禮物！

幾十年來，先父的教導一直在我生活中受用。法院的孩子情緒失控罵我三字經，我都會毫不猶豫地先深呼吸，頭抬起來，謝謝他用那麼獨特的方式，讓我知道他遇到了不愉快的事件，並問我有這個榮幸多知道一些，什麼事讓他這麼不舒服嗎？

教育是個用生命影響生命，和用生命複製生命的歷程，先父給我的教育就是：做好自己，你自然有能力影響孩子和學生！

先父離去已十餘年，但每當我遇到重大考驗，心中出現一絲放棄和退縮的念頭，先父溫暖的手似乎就會拍著我的肩膀，對我說：

「偉仔，你真聰明，愈來愈聰明！全世界你最聰明！」

「別人做不到的事，你一定有辦法做到！」

「因為全世界你最聰明，你做不到，別人也一定沒辦法！」

年逾半百，頭禿髮白，父母的愛卻恆久不變。

寫到這裡，想起父母的教導歷程，我忍不住熱淚盈眶。

「爸、媽，謝謝您們的愛，讓我終生受用！」

二、發揮生命的更大功能與良能

人活著若自私地只追求自己的夢想，讓自己好過，而沒有任何的付出和服務，生命就失去了光和熱，失去了生命的價值。在我滿五十歲符合公務人員退休規定時，我毫不考慮便提出退休申請。許多人都質疑我正值壯年，人生歷練和能力正可以好好服務社會卻退休？我的想法是離開公職，並不是放下我的志業，我想用公益團體的方式，做更多和更深入的服務。

一九九九年，我為了家中特別的孩子創立了「財團法人世紀領袖文教基金會」。因我工作因素，這個基金會，都由我們的董事李慧雲姊姊一肩幫我擔著，她承諾會幫我到我退休那一天，十幾年來她默默歡喜付出，讓我由衷感恩。我從公職離開，就是要自己把基金會的擔子挑起來。這個基金會與眾不同之處是，我們是一個不接受外界捐助，沒有專職人員和事務費的公益團體，十幾年來幾經變革和調整，我們發現如果一個公益團體要靠外援的經費，必處處受限。我們靠自身的研發和推廣，作為經費來源。

基金會的宗旨除了教育相關的研究，最重要的協助對象，就是我輔導過的個案，我們不僅追蹤他們的後續發展，並給予適切的協助，這一、二十年，我們協助過三千名以上的個案。為保護他們不受打擾，我們從不公開他們的任何資料和發展，協助對象雖有限，但我們的看法是做得多，不如深入和徹底。再者，就是邊緣的孩子，有許多家庭和孩子是不屬社政或司法單位協助的對象，我們運用基金會的資源及時有效地給予協助。我們了解自己資源有限，所以，我們協助的對象是經由我們特別訪視和考核的，而我們的協助是希望做到深入和有用。

十幾年來，我們都本著盡自己的最大力量，陪這群需要的孩子，走人生最重要的一段路。我們只是一根小小的燭光，不張揚，小心謹慎地陪伴及扶持這群獨特和脆弱的孩子，走一段人生重要的路程！

我們成員的共同理念是，我們生在這個社會，理所當然要為這個社會盡一份為人的功能和良能。社會知道我們的不多，但我們一定會堅持地做下去！這群孩子是我們大家的孩子，讓他們在成長中，帶著愛與希望成長，他們也會把愛與希望的種子散播給社會。

三、教育不是口號，而是不斷實踐的歷程

如果我可以選一份禮物送給我的孩子們，我會毫不猶豫地把我父母和老師給我的「愛與希望」，送給這群孩子！我的父母和老師在教育的過程裡，讓我在困境中，永遠懷抱希望，為自己做最大的付出和努力，我教導我家裡或輔導的孩子，也是如此。一個人能否成功，關鍵不在學歷或能力，而在於自己的習慣和態度，一份主動積極、願意為目標全力以赴堅持到底的習慣，和一種不論遇到任何挫敗或打擊，都能保持正向積極思考的習慣！

這是我父母，還有我的老師，賜給我的終生受用的禮物，我也要把這份禮物送到我這群孩子的生命存摺裡。我的理念和做法，是在生活中一點一滴地示範，孩子能否擁有，關鍵在於他們生活的經驗，我們不能期待一個受虐、不被關愛的孩子，去體諒及愛護自己和別

的生命，因為他們的生命中沒有這樣的存款。有許多人問我，對這些孩子何以能發揮如此大的影響力？其實沒有高深的理論和作為，只是用心看重生活中，每一個互動的經驗，因為我們正在用生命影響生命，正在用生命複製生命給孩子。我期勉自己保持最佳的狀況，在任何情況一定都用正向、積極的態度，面對孩子的問題，孩子會從我身上學習到這些經驗，複製到他們的生活中！

我這十餘年演講應該早超過五千場次（每年超過三百場，講了二十餘年）。我沒有用過講台，我從不認為自己是個專家和講師；我只是一個學習做人，做一個能讓自己無悔無憾、歡喜自在的人。我學習做孩子的父母、老師和朋友，我學習讓自己的生命有價值和有意義，我感恩別人的看重給我服務的機會，我盡我最大的可能，分享我的體悟和經驗！我所知有限，所以，我保持著高度的學習熱誠，學習與我有著不同生命經歷和表現的人。我期待我的

●二十餘年來，五千場演講，是盧蘇偉非常珍惜的分享機會。

努力，能讓更多人覺知：每一個生命都是尊貴和值得看重與賞識的！

我不在教育別人，我的努力是在提升我自己，成為一個愛與希望的天使，能因我的存在，讓這個世界多一點體諒，多一點包容和溫暖。

四、母親離世得到的啟示

二〇一三年中秋節全家團聚後，先母就厭食不舒服，住進醫院的加護病房，當時我便有預感她將離我們而去。在加護病房的兩個月，她抗拒住院，天天吵著要回家，到器官病變衰竭，悄然地離去。那兩個月中，我們只要有空，天天都去探望，她在最後的一段旅程，給我們上了最重要的一堂生命教育課：她啟示我們，生命是有限的，每一個人都將走同樣的一條路，生老病死。既然這是一條不可避免的路，如何能夠心無窒礙和恐懼地面對與完成呢？先母在住院的兩個月裡，最常講的就是「不要緊」、「沒事」這兩句話。

如果在生命的最後一刻，都能從容以對，人生還有什麼好緊張的？或許還有二十或三十年的生命，我也即將老去，我常問自己：來去這一遭，我留給了世界什麼呢？寫了五十幾本書，我對於看重我、願意花錢買我書閱讀的讀者，做了什麼樣的貢獻呢？

我在靈堂，念及媽媽一生給我的影響：「永遠都沒有不可能，只要你相信，你就有機會！只要你肯努力，你就能改變！」一個沒有受過教育、不識字的媽媽，為了教我學識字而努力，結果教給我的不僅是識字，還給予我生命無限的機會和可能。

●「你要先相信，你才有可能。」

後來在一些大腦的研究理論中，印證了這句話的科學性。大腦的運作，是因為你相信事件的可能性，它才會給你解決問題的能力，可是大部分的人，都習慣先否定自己，自然大腦就不會給你必要的能力。

先母不是什麼先知或智者，她可以把別人認為的白癡教成天才般的成就，最重要的就是她堅定的信念。她的口頭禪就是：「我相信，我就有可能。你要不要相信，那是你的事！」她的話一直影響著我的人生。

●「因為相信，讓一切夢想成真。」

有什麼理由讓我們不願相信，從出生那一刻，自己就是個天才呢？

●「別驚，天公伯是你的靠山！」

先母的這句話，影響我極為深遠。

有一次我跟著牧師，在教堂裡讀《聖經》，牧師語重心長地告訴我，他為什麼能無畏無懼地承擔那麼大的責任？做那麼多別人做不到的事？只為他有一個萬能的上帝讓他依靠。他打開《聖經》，告訴我別怕，上帝的恩典，永遠夠我們使用。

「祂已經在我們要去的路途上，準備好我們要用的資糧！」

先母信仰的是台灣民間的傳統宗教，她的話和牧師給我的教導，竟是一樣的！一個人要有夢想，才會有能力，夢想有多大，能力就會有多大。為什麼大部分人的夢想，會成了空想呢？

●「只要去實踐，堅持努力，我們一定會發現努力的路途，自然會創造出機會和能力！」

不論你是否有信仰，都有可能！這是我年輕時，證嚴法師的勉勵。

●「去做就對了！」

行動力和執行力是最重要的。

●「成功者，永不放棄！」

意思指的是放棄就是失敗者。先母給我們孩子生命中最好的一份禮物，就是堅毅的生命力。放心地去努力，一枝草，一點露。努力者必得到眾神的加持和護祐，得到多一點的滋露。

●「成功者找機會，失敗者找藉口。」

人生的「成」與「敗」，決定在我們的信念。

相信自己一定會成功，相信自己的努力一定可以改變我們的命運。因為相信，因為努力，一定會讓我們的生命有所不同！

《看見自己的天才》一書，除了用正體字發行，還以簡體字、日文和越南文發行，閱讀過的人無以計數。我的父母、大姊和教過我的老師，改變了我的命運，我也期待這本書的改版重新發行，能夠幫助更多父母找到教導孩子的信心，讓更多的生命能夠看重自己、努力自己，創造生命中的更多可能性，這是我人生中一直堅信不移的信念！

●二〇〇五年，盧蘇偉獲頒「熱愛生命獎章」。

「我相信每一個人都是天才，只是天才的地方不一樣而已！」

「我相信每一個人都有學習的能力，只是學習方法不同！」

永遠要給自己再一次機會！

創造自己生命的奇蹟！

做這世界最棒的一份禮物！

你也一定可以的！

相信，你就可能！

加油！

盧蘇偉 謹識

二〇一五年八月十八日

【代序】

閃亮登場．天天向上

【亞洲大學幼兒教育學系講座教授】盧美貴

我喜歡告訴別人，我是如假包換的盧蘇偉的「大姊」。能以阿偉的姊姊——這樣的「角色」出場，同時出現在關心阿偉的朋友面前，為他一路屢仆屢起的「生命史實」寫序，我絕對是當仁不讓的，不過叫我回首過往——要我不為他現在的成就而欣喜若狂，或對他感人肺腑的字字句句感到也無風雨也無晴，我想那是騙人的，因為阿偉的成長有著太多的「曲折」與「考驗」，有著太多看似說來幽默，卻又賺人熱淚的點點滴滴……

那天，我坐在由台北開往礁溪的莒光列車上，含著淚水看著這一頁頁的童年往事，幾度忍不住啜泣哽咽，深怕別人投以異樣眼光看我這個「淚眼人兒」，好幾次我是假裝上洗手間拭淚與清理鼻涕的。就在淚眼模糊中，我仔仔細細地看完偉弟如數「家珍」地訴說著他和別人的不一樣，也訴說著一個智商曾被判讀為七十的人，如何才看見自己「天才」的坎坷路途。

阿偉是母親在苦難中祈求而降的「雷公仔」，一出生就扮演著常會受傷的「非常人」的角色，也許是「天將降大任於斯人也」的考驗，所以在延治多時可能致死，而卻能免於一死的歲月裡，他還能抱持「多活一天，就多賺一天」的堅忍與豁達，還能用平和的心境「享受」生命歷程給他的挫敗與荊棘。

一個連時鐘都不會看的小孩；一個念「特教班」的學生；一個花了七年，考了五次才考上大學，念起英文像德文的人，但在家人及老師們以「不錯了呢」、「已經『有』分數了喔」的鼓勵下，阿偉創造了自己的「與眾不同」。家父（已往生）的話言猶在耳：「如果妳弟弟是豬，他也會是世界上最聰明的豬」；「別人腦震盪愈震愈笨，妳弟弟會愈震愈聰明」，而事實也證明，弟弟就在「阿偉很聰明，而且愈來愈聰明」的「比馬龍」（編註）效應下，由「白癡」一步步被推向了「聰明」的舞台。原來天賦的火花一旦被點燃，孩子的潛能就會像火山一樣的爆發出來呢！阿偉如此，相信很多孩子也有這種可能！

「聽障美人」白海瑟帶著「凡事皆能」的哲學來台分享她的生命故事。一個右耳全聾，左耳聽力只有百分之五，需要藉助聽器、讀唇語的人，相信她的這一路走來比正常人艱辛千百倍，然而她成功了！成功的最大助力來自於她的母親。黛芬妮・格雷用心紀錄白海瑟的傳記，她說：天下父母對子女有兩個責任：一是給他穩固的根；二是給他翅膀，讓孩子高飛。

既是「啞女」也是「神童」的南京少女周婷婷的父親——周弘校長認為，「凡能賞識處，便見真愛。人性中最本質的需求就是渴望得到尊重和欣賞。」婷婷在爸爸的鼓勵下，不但在八歲的時候就打破了金氏世界紀錄——背出圓周率小數點後一千位數字，也以十六歲的年紀破格被遼寧師範大學教育系錄取，畢業後，更順利地進入世界上一流的聾人大學——美國蓋勞德特大學攻讀心理諮商碩士。

「我並不是笨，而是聰明和別人不一樣。」阿偉在恩師的愛護和專業的剖析、引導下發揮了他的優勢智能，適如多元智能（ＭＩ）大師迦納（H. Gardner）所言，人人都有他的優勢智能，而這優勢智能有待被「喚醒」——看見自己的天才，是敲開生命寶藏的一塊磚石！希望有更多的老師和父母幫助孩子開啟生命的寶庫。

阿偉說：「沒有學不會的，只有還沒找到適合自己學習的方法而已。」生命的獨特來自我們深入地看見自己。阿偉這條「撿回來的命」在「看見自己的天才」後「閃亮登場」，「賞識自己」、「疼惜自己」、「愛護自己」、「發現自己」、「懂得自己」、「知道自己」的系列，則是他血淚交織的自剖與自白。

我知道白海瑟、周婷為什麼會成功，我更清楚阿偉在做什麼，相信你也知道他發心撰寫系列有關「自己」的目的了。在熱淚盈眶下閱讀偉弟的生命成長史，希望更多人在看見自己、知道自己與發現自己後，能夠更用心地生活、用心地工作，給予自己天天向上的新生命與新希望。

我給一路坎坷走來再接再厲的偉弟掌聲，更希望您閱讀後也把這種信心與實踐一傳十、十傳百，讓這個精神，能夠在我們的生活，也在我們的生命裡發光發亮！

（編註）比馬龍效應（Pygmalion Effect）出自希臘神話，意指：父母親對小孩的期待與評價，經常會在言語及日常生活中有意無意地顯現出來。積極正面的期待會使小孩感受到愛與支持；相反地，負面消極的評價會使彼此之間產生敵意和對立。惡性循環的結果會使小孩出現不良的行為，這就是所謂的比馬龍效應。通常指教學上如何善用教材及教學法，以啟發學生的自尊（self-esteem）之意。

【自序】生命的禮物

一個智商曾經被判讀為七十的人，生命是一連串的幸運，因為他不知道智商七十分是低下的、智能不足的，不小心翻閱轉學資料袋，他還以為自己總算有一項是六十分以上，是及格的。這份幸運希望能被傳遞下去，被擴散開來，讓每一個孩子，每一個人都受到「幸運」之神的眷顧，看見自己的天才、享用自己的天賦，並用此報答這世界的孳育！

生命是個禮物，禮物外包著層層不同的包裝紙，只有少數幸運的人——一直懷著積極、正向的信念的人，才能拆開一層層的包裝紙，見到這份禮物。它，並不是特別屬於哪些人的，而是每個人都擁有一份，只可惜不是每個人都知道它的存在。如今，我想用感恩之心，來分享自己拆禮物的歷程，唯一的期待是，要你也相信，也有一份尚未拆開的禮物是屬於你的！

我是平凡的，擁有平凡的家庭、平凡的工作、平凡的角色及願望；我的遭遇也是平凡的，只不過，我比別人多繞了一些路，才走到自己想到的地方。我的平凡，讓我和許多人一樣，期待能成為重要而有價值、貢獻的人；我的平凡，像我輔導的孩子一般，抗拒權威、不服管教，內在常處於紛擾不安、見異思遷，沒有片刻是安定的。

我不希望讓讀者錯認我是充滿愛心、仁慈及智慧的人，雖然我不否認我是這樣的人，但大部分時候的我，仍是平凡的。我在乎自己的權利及感受，會為了小事動怒及惶惶不安。但畢竟，知道自己平凡是好的，我們可以坦然接受自己，不需要以權位身分及物質的占有來偽裝自己的平凡，我們可以放下期待別人尊重的失落，也可以諒解自己努力未得的挫敗，不管我們現在或曾經，甚至從未是，都無所謂，因為平凡不會因為加在姓名前的頭銜是什麼而不同，我不曾成功過，也不曾不成功，生命的努力無關成功與否，它只是個開啟禮物的歷程，每一個人都是一樣，每一個人都是平凡！

我的旅程和大部分人確實有些不同，當然，造成一切不同的腦膜炎，也不是每個人有機會經歷。我到了國小五年級還無法自行閱讀、學習，直到國中，由自己的大姊當導師；後來我有了讀特教班及非升學班的機會，雖然放牛吃草又沒有導師，但也因此，我有機會嘗到當班長的滋味；雖然努力後仍沒辦法考上最後一個志願，但卻意外因散文、小說得獎，文章被刊登在期刊上；雖然立志要考大學，考了七年五次才考上，但大學就有機會出版書籍，這些看起來真的有些特別的點點滴滴都是專屬的，不能重來，也不能複製的經歷。

千萬不要因為我的這些特別的經歷，而期待自己或孩子也要擁有類似的機運。每一個人、每一段旅程都是特別的，都應該被珍惜和被看重，只是我又比別人多了一些幸運，有出版公司願意給我機會，把這些旅程做些紀錄和分享而已。

生命如果可以重來，而我也有自己選擇的權利，我想我還是會尊重上天的恩典及賜予，再重複一次同樣的歷程，雖然有些片段的確令人難以想像及承受，但生命中不論是任何經歷，都有其原因和意義，而且都是有益於我們的、是無數次自我的選擇，自然應該無怨無悔，且用歡喜的心來接受它們。

這一切並不因我現在擁有穩定的職業、家庭、生活而有所不同，無論如何，是我們選擇了我們經歷的一切。然而，有人可能會說，生不生病，我們不能選擇，而父母、兄弟姊妹也不是我們能選擇的，但，如果真的可以讓我們選擇呢？你會選什麼？我仍選擇生那一場病，因為它讓我知道了健康是什麼。如果可以選擇，我依然無悔地選擇我的家人，因為他們的不完美，讓我了解到真正的不完美，來自對完美的期待及追求。

每一個人，每一個緣遇、事件，看似上天巧妙安排，但事實上並沒有任何力量在操弄這一切，一切都是偶然發生的，所有的選擇及結果，都是偶然促成的，沒有任何緣由，結果不論是不是盡如人意，都是一份珍貴的禮物！

還有一項偶會被我掩飾的平凡欲求：我期待事事順利、如願、平安、健康、平順、無意外，少的付出卻貪得多的收穫。我會用伶俐的口才辯解，合理化自己的無知、無助，讓別人誤以為我精於規劃及計算，事實上，不過是我善於口舌之能而已。我對自己的喜好懷著偏見，不容異見，獨斷、獨行、自私而且不服道德規範。

我把這些寫在大家開始讀我的文章之前，為的只是希望讀者不要過度地想像我的好，而貶抑自己。我也和一般人一樣，常為小事失眠，偶爾做些違規逾法的事，而且還自以為是，這些我不敢說是「平凡」的一部分，因為其他人也許沒有我這些「不」好的一切。我的意思是說，我的確有些特別的，但我不是一些人想像中，是個不平凡、完美的導師，我只是一個經常犯錯的助人工作者，我只是在極有限的範圍，去扮演我尚能稱職的角色而已。

許多人會羨慕我有鼓勵我、支持我的父母，但不論是誰的父母，在人前他們都可能會有完美演出。而事實上，每個家庭、每一對父母都並非完美，他們會有些想法或習性和我們相差甚遠，甚至彼此衝突，學著接受彼此間的差異是生命旅程上的重要功課，試著去了解他們的時空背景所孕育出來他們的獨特個性及觀念、想法，而不要企圖去給予任何置評或想要去影響、改變他們什麼！

有時難免會有點無奈，期望他們只是鄰人或不相干的老人家，而不是我們的父母，但這是一世的因緣，不是我們所能夠選擇的，何不用另一種心態來看待這一世的緣遇？

每當我們在讀別人對父母的描述及懷念，都把父母好的一面盡量鋪陳，把自己不喜歡的一面隱藏起來，我也不例外，在我寫的文章中，他們雖然真實，但也只是一部分，和所有的讀者的父母一樣，雖然也有燦爛如晶鑽的經歷，但也難免有些家醜是羞於見人。所以，千萬別把文章裡描述的景況，拿來和自己的父母相比，畢竟想像和回憶總是最美好的，現實就難免平淡無味。在我的想法和觀察裡，現實中大部分的父母，其實都是在陪孩子成長的過程中，去學習如何扮演好父母的角色的。因此，欣賞自己父母的獨特吧！

一生中能遇良師，生命就會有重大的轉折，我的成長歷程似乎是良師的接力賽，一棒接一棒地伴我成長，我感恩於自己的幸運，如果其中落了哪一棒，生命的歷程一定會有不同。但自己身為輔導工作，以努力去扮演每一個孩子生命的貴人為使命，而真正能夠如此的卻是屈指可數的幾位而已。

在我眼中的恩師，可能在我同學的心目中，會有不同評價。若你有感於自己「師」運不佳，或許我們也可以問問自己，我們是否只是期盼和等待老師的發掘和親近，而未主動去接近，建立與老師的互動關係呢？老師是寂寞的，等待我們去親近。過去我們可能錯失了許多，何不從現在開始，從課堂上、工作中、生活裡去發現我們生命的貴人呢？

把這些寫在前面，無非不想蹈前人的覆轍，在生活中被神化了，畢竟我離作古還有一段時間，分享這段白癡變天才的故事，不希望讓自己作繭自縛，失去生命中的自在與寧靜，而只希望每一個人都有機會看見自己的天才，發現自己的生命禮物，為自己做最大的努力！

生命的獨特來自於我們深入地看見自己，當我們淺嚐或瞥見這生命內在的美善，我們便會倦怠於追逐競爭、輸贏、成敗及占有，我們會發現一切只是遊戲（Play而非Game），沒有勝負、得失，它只是單純的一段旅程而已，只待我們經歷、經歷、再經歷的一段美與善之旅，一切都只在我們向內看見自己的那一刻，所有的美妙都將自動開展！

看見自己的天才，看見自己的獨特及美好，生命會在轉瞬間呈現不同的品質。現代人追逐了太多不屬於自己的目標，卻不知道自己真正要的是什麼。何妨停下來，看看自己再出發呢？你一定會發現你自己就是一份禮物、一座寶藏！

目錄 contents

看見自己的天才

目錄 contents

Part 2 孤鳥慢飛

目錄 contents

Part 3 看見自己的天才

目錄

contents

看見自己的天才

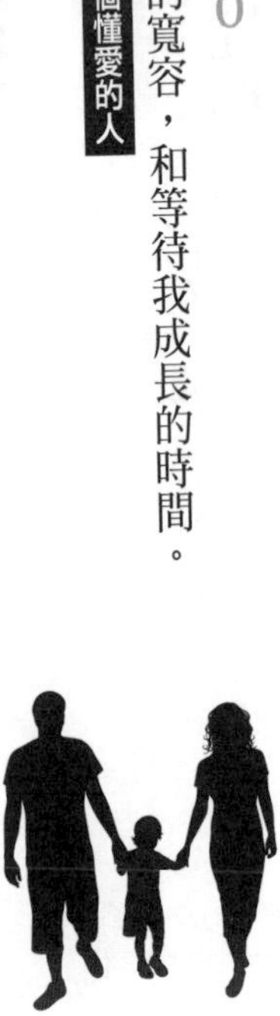

Part 1

撿回來的生命

雷公仔子

爸爸坐牢了，媽媽獨力撐起生活的重擔，而我，是她唯一的希望。

一百元賣給人收養

「神啊！可憐我這個女人家！為了這個家，我把命都獻上了，肚子裡的孩子，要不就流掉它，要不就賜給我一個『雷公仔子』，可以保護這個家，為我討回公道的孩子……」

這是我出生前，媽媽每天都要跟神明說的話。

在媽媽未懷我之前，我們的家曾是家族裡人人稱羨的家庭。爸爸留日返國，才二十幾歲就當上平溪鄉農會總幹事，由於年輕有才華，在整個鄉里舉足輕重，但也由於年輕氣盛，無意中得罪了派系。在一次農會爆發職員捲巨款潛逃事件中，爸爸不僅失去了一切，還被判了一年的徒刑，甚至連帶著家族的產業也因此遭到查封，以彌補公款損失。為了生活，當時已經懷孕的媽媽不得已，也只好下礦坑工作，而且，為了能夠有多一點點的收入，好讓家中老老小小都有飯吃，她咬著牙做最吃重的推台車運煤工作，還一天做兩班，常常累到手腳發軟，推著車從斜坡上滾下，若遇到雨天更是跌跌撞撞，一身溼泥。好幾次她都想乾脆就這樣死掉算了，但一想到患有氣喘的外祖母和三個幼子，只好咬著牙，做那些連男人都不一定做得起的工作。

然而，即使是做了一天的工，回到家，通常都已經是半夜了，還是有一堆事情等著媽媽來做，像是洗一家人的衣服，煮豬食，養豬、雞、鴨，往往累到連上床的力氣都沒有，就倒在灶前睡著了。這樣的辛苦，卻得不到繼祖父的諒解，常把父親連累家族的怨氣發在媽媽身上，動不動就會當眾指責媽媽：「帶衰的女人，會死就趕快去死！」

長期的疲累和累積在心中敢怒不敢言的怨恨，當時的我雖然只是個無知的胎兒，根本沒有任何記憶，但卻在未來的成長過程中，一而再、再而三地像自動播放系統般，不定時地從媽媽嘴裡播放出來。

一心寄望能夠「生個雷公仔子」是支持媽媽撐下去的希望，但是繼祖父可不是這樣想的，他看到媽媽乾扁又營養不良的樣子，便揶揄媽媽只會生個女兒，甚至已經和鄰居講好，一旦媽媽生的是女兒，便要以一百元賣給他們收養！

所有的苦，都不會白吃

就在我出生的前一天，那天，下著大雨，媽媽仍然冒著雨去工作。工頭和一起工作的礦工看到都十分不忍心，紛紛極力勸阻，希望媽媽休息，別再做了，可是媽媽卻聲淚俱下地懇求工頭能夠再讓她做。工頭拗不過媽媽的苦苦哀求，不得已只好讓媽媽下礦坑，但一再交代媽媽，只要她肚子一疼就要趕緊喊人幫忙。

一個即將臨盆的孕婦挺著大肚子，推著百公斤的台車，在大雨裡咬著牙苦撐。她一直不了解，為什麼這樣跌、這樣摔，三餐當一餐吃，從沒有一天真正睡入眠，孩子卻不會流掉呢？

隔壁的瞎子算命師一再地安慰媽媽，要生一個有用的人，父母注定要為孩子先吃苦，「阿菊，妳的苦不會白吃。一定要忍耐，不要想不開！」媽媽告訴我：「若不是為了你這個雷公仔子，好幾次都想放手，讓倒退的台車壓死算了！」

就是因為想要一個「雷公仔子」的堅強意念，支持著媽媽在生我前一天，苦撐推完最後一輛台車，在大雨的夜裡連滾帶爬，用最後的力量爬回家。

媽媽說生我時，好像都還沒感覺到有什麼陣痛，我就被生下來了。可能是太累了，人都虛脫了吧！

據說當時繼祖父還三度來到媽媽房間，掀開門簾不耐煩地催促：「不趕快生一生，我等著拿一百元喝燒酒！」

媽媽淚流滿面，焦急地抱著外祖母痛哭。外祖母一邊安慰著媽媽說，會死，她要跟媽媽一起去死！若沒死，就看天公伯仔！一邊也一起祈求著上天，拜託，給媽媽生個男孩子，真正的男孩子！

我出生那一天，天還沒有亮，才五歲多的二姊就拿著掃把守著媽媽門口，目的是絕不讓任何人把我搶走。一直到十點多，媽媽終於把我生了下來，一知道是男孩，二姊立刻手舞足蹈，滿心歡喜地四處報喜：「我阿母生男孩，生男孩！不用分人家做新婦仔！」

這就是我的二姊，從小就為我吃了許多的苦，也受了很多罪，她總是告訴我：「你未出世，阿姊就準備為你和別人拚命。還好你是男孩，如果是女孩，阿姊甘願賣給別人，也要你留在家裡！」

這份姊弟之情，對我而言是一輩子的恩情。對二姊而言，從我出生的那一刻起，就開始替我背負數不清的辛苦。

我的媽媽是礦工

我的出生，並沒有為整個家族帶來任何歡樂的氣氛，當時家中所有的產業都已經被查封拍賣，卻仍不夠還清被捲走的巨款，以至於家族親友們所有的金飾及貴重物品，都被借來換錢抵債。就在我出生後第十八天，我們便已無法再在家鄉平溪立足，只好帶著簡單衣物跟著挖礦的工頭，來到了桃園縣復興鄉三民村山區礦場。這裡只有簡單的工寮、點煤油燈，不像因煤礦而繁榮的平溪，媽媽說半夜醒來常摸到冷冷的東西，燈一點亮，才知道是手臂粗的蛇，有時則是早上醒來才發現蛇蜷在身旁。當時爸爸不在，媽媽為了怕蛇鑽進被窩，大多數的時間只好抱著孩子坐著等天亮。

為了生活，媽媽生了我之後，不但沒有錢可以好好地坐月子，而且在我還沒滿月前，她就又得跟著男人一起下礦坑工作。為了要保有這份工作，所有男人做的事她都做，還要做得比別人好，她才會被允許下坑，因為通常女人只能在礦坑外接應台車，但坑外薪資只有坑內的一半。媽媽只好跟著其他男礦工，扛坑木、釘坑木、挖煤、推台車，樣樣不能少，可惜不管媽媽多麼努力，薪水都只能拿到男礦工的六至七成。

然而這還不打緊，最令她難過和擔心的是，每回只要一到發薪日，繼祖父還會搶先一步把工錢領走。媽媽為了外祖母及四個孩子，經常拿著相思木棒去找繼祖父要錢，還被大罵是「瘋女人」。個性堅強的媽媽，只好忍著一期工資未領，拜託發錢的會計一定要把下期工錢讓她親自領，外祖母也因此和繼祖父分居，不再一起生活。

在礦場的家庭，孩子姓不同的姓沒什麼奇怪的，因為男人在礦場工作，意外經常發生，留下的妻女，為了生活，只得再改嫁他人；而再嫁的男人又遭逢意外，便再帶著一群孩子再改嫁。我們家的祖先牌位有姓廖的、王的、蘇的、盧的，我們無從去了解這複雜的關係，就像我的繼祖父原本娶了我的祖母，祖母過世，又娶了外祖母，因此伯、叔、姑、嬸、姨間的稱謂，有時真是很難弄清楚。

分隔兩地，卻姊妹情深

繼祖父和外祖母分居之後，便跟著他的親生子（叔叔）同住，外祖母則跟爸媽同住。為了幫媽媽一點忙，患有氣喘，常會不定期發作的外祖母，也到礦場協助燒水給工人洗澡，因此，在我小時候的記憶裡，都是二姊在照顧我的生活。至於大姊，由於她自幼聰慧，成績優異，親友老師都認為，如果大姊隨我們一起搬到三民那種深山鄉下，必會埋沒她的才華，因此紛紛力勸爸媽，希望他們同意讓大姊寄住在板橋的姨媽家。所以，在我小的時候，大姊就彷彿是個貴客般，只有寒

為了要保有工作，所有男人做的事媽媽都做，還要做得比別人好。

暑假或重要節慶才會回來家裡。每逢到了她要回來的日子，我們在家裡的孩子都是從好幾天前，就滿懷高興地期待著，一直到她回來的那天，一早，我們便會翻過山嶺，走幾公里的路到公路局站牌等她。

在小孩子當中，大姊和二姊的感情最好。平時因為大姊不在家裡，媽媽和外祖母又天不亮就得出門工作，家裡大大小小的事都是二姊在做，因此，媽媽每天都會放一個五角銅板在二姊枕頭下，讓二姊存在竹筒裡。有一次大姊回山上來度假，當假期結束要回板橋時，二姊抱著她用一個個五角存滿的存錢筒，硬是要大姊收下，大姊不肯要，兩個人抱在一起哭成了一團。二姊說：「我們山上又沒得買，要錢做什麼？給妳啦，給妳啦！」

●六個孩子與媽媽合照。

其實爸媽也捨不得大姊那麼小就要寄人籬下，然而，為了大姊，那是唯一的選擇。所幸，姨丈、姨媽家剛好沒女兒，大姊又表現得好，很得人緣，一直被姨丈、姨媽當成自己的小孩愛護。

在家裡，我排行老四，上面除了大姊、二姊外，我還有個哥哥。大哥正直老實，從小我就知道繼祖父十分疼愛他這個長孫，但外祖母則完全相反，因此，我常會編些謊話來害他被外祖母責罵，但他似乎從未因此而記恨，只要在外面拿了什麼好東西或好吃的，他一定會拿回來分給我。在這個重男輕女的家庭裡，他雖然和我一樣是男孩子，而且還是長孫，但他的待遇卻和我大不相同，外祖母和爸媽似乎把全部的愛和注意都給了我，他只能遠遠地站在一旁，裝作沒事地偷瞄。和他比較起來，我得到的關心及注意真的太多了！

我被坐牢的爸爸嚇哭了

在幼年的記憶裡，爸爸是什麼時候出獄的，我已經忘記了，反而是媽媽帶著我去台北監獄（舊址在博愛特區，台北法院附近）探視爸爸的畫面，至今仍然清晰。當鐵窗裡出現一個理著光頭、黝黑、清瘦面孔的人時，媽媽要我叫他「爸爸」，當時我還小，不僅嚇哭了，還把尿尿在會客室的櫃檯上。也因為這個畫面一直存在我腦海裡，後來當我就讀中央警官學校（現為中央警察大學）犯罪防治系三年級時，至台北監獄實習，每回在接見室見到有太太帶著孩子，隔著玻璃用電話叫被關在裡面的人「爸爸」時，我總是會忍不住熱淚盈眶。我的爸爸也曾是被關的犯人，所以我更能體會，一旦家中有人在裡面服刑，其餘的家人在外所受的苦痛是沒人能了解的。

因為這層體會，我曾暗自許下過心願，如果有機會，我會讓刑罰制度更符合人性及社會期待。像我的爸爸只因部屬的過錯，不但賠了所有家產，還要被關，然而那是法律的規定，誰也違反不得；但我的媽媽雖然不用被有形的鐵窗限制，卻受了更多有形與無形的苦。我常在想，或許集所有的苦，也無法和媽媽所受的苦、所經歷過的事來相比擬。況且，真正的苦並不是那些不堪回首的經歷，而是留在我媽媽心裡深層的記憶，那些曾有過的痛苦不定時地重複播放，像是對我的媽媽處了一個終生的心靈監禁！

童年的我是個受寵而不懂事的小孩，好強又愛哭。像是過年時，大姊都會和我們一起玩撿紅點，一分一角，外祖母知道我一輸就會哭，所以，她都當我的錢庫，我輸多少，就給我多少，但一輸我還是哭。我也不知道為什麼哭，錢每次玩都只會多，而不會少，可是只要拿到壞牌，要從自己的錢堆拿錢給別人，我就會忍不住眼淚流下來。當然，不只是玩牌，平常生活中只要遇到和我期待不同的事，我的眼淚就會忍不住流下來。通常只要我一哭，大哥就會挨罵，二姊就會讓我、哄我。我的無知，受罪最多的是二姊，也因此，我對我的家人和兄姊，一直有著很深的愧欠。至今，我仍常想，究竟我能做些什麼，才可以彌補我曾有的無知及胡鬧呢？

不過這些都是小事，我要惹的大麻煩還沒開始呢！

看見自己

看清父母的影響

回頭看生命曾有過的旅程，大部分的記憶都是來自父母的陳述，尤其是媽媽。父母曾有的悲或苦，它們早已悄悄地植在我們生命的深處，支配我們追求什麼，或逃避什麼；而我們是否看見自己正受著這些重複出現，穿梭於我們眼前的聲音及影像所左右呢？

來自父母的經歷，來自父母的想法、情緒，我們若能有所分辨那是父母的，不是我們要的，我們就會容易看見自己。對於父母的一切，我們不需給予任何評價，只需要澄清、了解。

愛的經歷

爸媽都在我身邊，我深深感受到了愛的暖流。

高燒不退的惡兆

那年過年大姊回來，家境也因爸爸出獄後加入礦場工作，而得到改善。爸爸在日本留學就是學「礦冶」，所以，很快就升上總工程師，媽媽也不用再去礦場工作，大妹也三歲了，這個年大家喜樂融融地慶祝。我依然是家人寵愛和頭痛的對象，玩撿紅點一定要玩到我贏才可以不玩。

「好囉！最後一局，已經十二點了。」

「不管！不管！還要再玩，要玩到我當尾家！」

媽媽已經催了好幾次。平常在這深山裡，十點之前，大家就安靜無聲地進入了夢鄉，十二點還未睡是前所未有的經驗。事實上，大家都累了，為了我，大家只好陪著熬夜。

「每次都這樣。以後不跟阿偉玩了，我贏的錢又輸光光了！」

我洋洋得意地抱著錢筒，興奮地跳來跳去，大姊則一副心有未甘的模樣。

「我輸最多！以後我不玩牌了！」二姊好像運氣都不好，玩牌幾乎都輸。

「德文，你贏還是輸？」大姊問不講話的大哥。

「還用說，一定輸的嘛！」

大姊很不服氣地向媽媽抗議著：「大家輸他一個不公平，我們還要再玩。阿偉最糟糕了，輸了就哭。大家都要還錢給他，贏了都算他的！」

「好啦！好啦！阿媽在睡覺，別吵了，快去睡覺了！」媽媽下了最後通牒，我們只好趕緊收一收，不一會兒，一家人就擠在一張通鋪上睡了。

隔天早上八、九點，大家都陸續起床，只剩下我還在沉沉入睡。

「阿偉，起來囉！『大富翁』再來玩牌了。」

二姊叫不醒我，就跑來搖我，但搖了一會，看我像醒又像沒醒的樣子，就是不起來，索性用她冰冰的手來搔我癢。當她的手一碰到我的身體，就發現我有些不對勁，於是大叫：「媽！快來呀！阿偉好像在發燒啊！」

「哪有可能！昨夜不是還生龍活虎，怎麼會發燒？」

媽媽放下廚房的工作，走到我旁邊，用額頭碰碰我，發現我確實有點發燒，於是，她一邊唸著二姊：「都是你們！昨天晚上叫你們穿衣服都不穿，你們看，阿偉感冒了。」一邊把我硬生生地拉了起來，要我去吃點東西。

這似乎是我們家裡發生任何事的結局，不是大哥挨罵，就是二姊挨罵，反正大家也習慣了。好不容易被叫醒的我，只覺得頭好暈又好睏，勉強爬起來，喝了點稀飯之後，又好想睡。

「阿美，去拿藥包來。」看著我吃完了稀飯，媽媽便叫二姊去拿藥來給我吃。

「阿美」是我們家叫二姊的「名字」。其實，二姊的名字是「美英」，小時候不知為什麼，大家都不叫她「美英」或「阿英」；不是叫她「阿美」，就是叫她「蘇美」，因為她姓外祖母的姓「蘇」。

吃了藥後沒多久，我的燒就退了，又可以生龍活虎地四處玩了；不過，只撐到吃完晚飯，當大家又邀玩牌時，我就又覺得很睏，想去睡覺了。媽媽覺得不對，就再來摸我的額頭，果然又燒起來了！

「阿美，去拿藥包仔！」

就這樣，每天都是吃退燒藥、睡覺，白天除了覺得有點累以外，好像也沒怎樣，但一到晚上就又會燒起來。一直到了年初三，爸媽看我昏沉的時間愈來愈長，情況愈來愈不對勁，便決定送我到衛生所看醫生。

可能只是感冒？

衛生所在三民街上。從礦場到三民街上，必須先走一段很遠的路，還要翻過一座山，才能到公路上的雜貨店，那裡才有公路局可以到。這兒因為偏遠，通常一、兩個小時才有一班車，我只記得當時是細雨綿綿的寒冷天氣，爸爸披著雨布揹著我，可能是因為發燒，雖然臉和背部冷得發抖，但胸口卻被爸爸的汗溼，熱得溼透了。

因為在下雨，爸爸不能把我放下來休息，累了，只能用雙手扶著膝蓋彎著腰，稍微讓自己喘息一下；可是，爸爸只要一彎腰，停在雨布上的雨水，就會滲到我的衣領裡，我就會被冰冷的雨水凍醒，一醒過來，就開始掙扎著想下來，因為這麼趴著實在不舒服，爸爸只好稍微停一下，等到我再昏沉沉地睡去，爸爸才又再挺直身體喘著氣，繼續向前走。爸爸身上有股很特別的味道，是

在寒雨裡、在父親的喘息中，這一瞬間，父子的距離突然消失了。

香菸留在衣服纖維，加上髮油、汗水的味道，夾雜著一陣寒顫、一陣溼熱及爸爸喘息的聲音——就在這個時刻，父子間自幼存在著的距離突然消失，父子從未有的親密，是冷與熱，以及各種不同氣味，在寒雨裡與父親的喘息聲交織而成的生命中難得的樂章！

三民村衛生所的醫師是位原住民，大家都叫他「蕃仔醫生」。爸爸因為留日的關係，對醫護人員一直恭敬有加，像士兵面對將軍一般，併腳、鞠躬、彎腰、謙恭地候立一旁，等待醫生的診治及指示。因為我的病，我結識了這位親切用心的「蕃仔醫生」，結下了幾十年的醫病緣。我尚有印象，他先用酒精棉花擦拭全身幫助退燒，又吊點滴、打針。處理完後爸爸再揹我回家時，天已經黑了，外祖母、媽媽、大姊、大哥、二姊，都焦急地等在家門口，迫不及待地想知道病情。媽媽接過我，爸爸伸直了腰，動動手腳，緩緩地說：「醫生說可能是感冒，明天燒若未退，就要再帶去衛生所，應該沒什麼事。」

果然到了晚上，我的燒退了，食欲也變得特別好，一連吃了兩碗稀飯，飯後還吵著要玩撿紅點，爸媽看我好多了也稍稍放心了一點，就要大姊、大哥、二姊陪我玩一會兒。全家似乎都鬆了一口氣。

那天夜裡，媽媽似乎一夜都沒有睡，時時注意著我有沒有再發燒。在大家小心翼翼地照顧下，度過了平安的一夜；只不過好景不常，第二天一早，就在外祖母要去工作前，順手摸了摸我的頭，覺得好像又燒起來了，便立刻去叫醒還在睡覺的爸爸。爸爸一聽趕緊爬了起來，用溫度計一量，「三十八度半！」立刻拿醫生開的退燒藥給我吃。

一看到我又燒了起來，媽媽才剛放鬆的神經又緊繃起來，急著問爸爸：「要再帶下山去看醫生嗎？」

爸爸也不知該怎麼辦，嘆了口氣，說：「先把藥吃下去，再看看，不行再送下山看醫生。」還好，吃了藥以後，燒又退了，下午我又有說有笑，但還不到傍晚，可能是退燒藥的藥效退了，我又開始發燒。這次爸爸覺得不能再拖，便要媽媽準備揹巾，準備再揹我下山看醫生。媽媽不忍心爸爸一個人辛苦地揹我下山，要和爸爸一起輪流揹我去。本來爸爸不放心把外祖母和小孩單獨留在家裡，不要媽媽跟去，但媽媽堅持一定要跟，家裡便交代外祖母和二姊，要不足三歲的大妹乖巧、不吵不鬧，爸媽便頂著寒風細雨揹我下山。

因為有愛，沒有遺憾

天黑了，氣溫也跟著下降，我伏在爸爸身上，雖然外蓋著小被子，仍直打寒顫。爸爸沒走多遠，就汗流浹背，媽媽提議換人揹，但爸爸堅持揹到山嶺要下坡時再換手。一路上爸媽都沒對

此時此刻，我有種幸福和安全的感覺。

話，但當爸爸發現跟在身後的媽媽頻頻拭淚，便回頭安撫她，要她放心。這時，媽媽再也忍不住地放聲哭了出來，一邊哭，一邊喃喃地唸著：「這個乞食子，懷孕時被我又摔又跌都沒流產，坐月子也沒坐、牛奶也沒喝到，只吃稀飯……」

爸爸想安慰媽媽，卻又不知該說些什麼，只能保持著沉默。

爸爸揹著我正好走到分水嶺，他停下來，媽媽就伸手來把我接過去揹。爸爸的背熱烘烘的，趴在媽媽背上，我又一陣寒顫，頭和體內像是火在燒，身體又像泡在寒冰裡。天黑的山路，細細的寒雨斜打著，每次在夜裡走這段路，我都會恐懼顫抖，可是現在，我卻有種幸福和安全的感覺。

爸爸、媽媽都在我身邊，而我們從未有過如此的親近，我深深地感受到愛的暖流。我感動得不禁流下了眼淚，內心想著，即使現在我死掉了，我也絕不會有遺憾的。

漫漫的山路，風雨揮灑的山林，我半瞇著眼睛，看著被半透明雨布遮掩的世界，心突然亮了起來，世界突然寧靜了！

愛是內在激烈的顫動，也是寧靜的一刻，只有心跳——怦、怦的撞擊聲，是爸爸的、媽媽的、我的……

看見自己

別忽略了愛

每個孩子都曾擁有過父母所有的愛，但不知為什麼只有生病的時候，才容易有深刻的感動。相信每個人都曾經深深地被愛過，只是我們期待太多，漠視了這一切。

在生命的找尋歷程中，我們要的是什麼呢？我們那麼努力，真正渴望得到的又是什麼？我們遇見過它！經歷過它！只是我們不知道，我們真正想要的，我們已經經歷過、擁有過，那就是「愛」！

愛是內在激烈的顫動，也是寧靜的一刻。

活著，真好

多活一天，就多賺一天！

不是植物人，就是重度智障？

除了四處看醫生，草藥、偏方、拜神、收驚、安公媽神位、改大門、移床位，所有能做的、能試的，爸媽都做了、試了。但我的病，卻並沒因爸媽的努力而有任何好轉的跡象，爸媽都慌了！

這段期間，我幾乎都是披著外祖母最珍貴的呢大衣，大衣口袋塞滿了各式護符，但我的發燒狀況仍然時好時壞，有時還會像中邪般地驚恐吼叫。當時的印象裡，我只要一睜開眼睛，就會看見一個紅著臉，長得很高壯的人，穿著一身綠蟒袍，手持大刀，一動也不動地站在門口，每次看到，我就會大聲地哭叫著：

「紅面仔！紅面仔又來了！」

山間一個神壇師父告訴爸媽，要帶我到三峽恩主公廟，求關聖帝君幫忙。然而，我的病愈來愈嚴重，清醒的時候愈來愈短，手腳常抽搐，牙關緊咬不放，根本無法出門。心疼我的外祖母只好代我去三峽恩主公廟祈神，並許願只要我好起來，一定會親自來還願，甚至還求了護身符及香灰回來，但我的情況卻愈來愈惡化！

能拜的神都拜了，能求的符都求了，各種草藥、偏方也都吃了，面對我毫無起色的病情，爸媽真的慌了手腳，最後決定帶我去大醫院試試。我們從小村到鎮，最後換了幾趟車，到中壢、桃園。當時桃園地區最大的一間醫院是「聖保祿醫院」，掛了急診，還等了許久才輪到，急診室裡都是焦急的父母帶著發燒的孩子在求診，醫生也都忙翻了；好不容易輪到我看診，醫生見我四肢抽搐、眼睛翻白，便告訴爸媽，我很可能得了當時正在流行的「日本腦膜炎」，要爸媽立刻轉診台大醫院！

根據爸爸事後的描述，到了台大醫院以後，醫生先替我退燒及做了一些初步的診斷與處理，足足等了三天，才被送進病房，而且就如聖保祿醫生的診斷，是腦膜炎沒錯。台大的醫生說，因為

後來我常想，我的命，或許是我媽求神求來的吧！

我的病情被延誤了太久，即使有幸救活了，很可能會成為植物人或是重度智障，要爸媽心裡有所準備。

當時對國語不熟的媽媽，根本弄不清楚什麼是「植物人」，就用台語大聲地對醫生說：「是人，不管什麼人都不要緊，不要是鬼就好了！」

這孩子最多只能活三年……

由於家裡還有老人和小孩要照顧，爸爸便要媽媽先回家，自己則找來礦場的至交好友水源叔一起輪流看護我。每天，除了吃藥就是打針，折騰了一星期以後，我終於醒來，不過，醒來的我不但不會講話，連爸爸都不認識，而且醒來不久，眼睛就翻白又沉沉地昏睡過去。爸爸看到這種狀況，更是焦急，不過醫生一再地告訴爸爸，我的情況已比預期樂觀，神經知覺都尚完好，只是意識不清而已，爸爸才放下心來。

當時沒有電話，當然也不可能寄信，因此我清醒的消息是水源叔坐了三、四個小時的車，回家告訴外祖母和媽媽的。

水源叔後來告訴我，媽媽一聽說我醒了，淚眼盈眶地跪地拜神。後來我常想，我的命或許是我媽求神求來的吧！

在台大住了三個星期，不知做了多少檢查，抽過多少次脊髓液化驗，才得以出院。在我出院時，醫生告訴爸爸：

「這個孩子能活就好，不要期待他學什麼，而且最多也只能活三年！」因為醫師認為延誤了救治的關鍵時間，腦部分因發炎化膿壞死，也許一輩子不會講話，或不會自理生活，甚至於大小便都要人照顧，讀書、上學就不用急，看情況再說。

但我看起來很好，眼睛看得見，嘴巴會吃，手腳會靈活地動；大小便原會失禁，後來也會控制。回到家，家人也慢慢都認出來了；又過了沒多久，也會說一些簡單的話了。爸媽根本不認為我有什麼不對勁的地方。

一開始，他們都能包容我喊錯人或講不出物品名稱。像二姊，她根本不管我認不得她，只要我發出聲音，不管是「煮」或「節」，她都認為我在喊她。外祖母也一樣，不分我喊的「媽」是在叫她或是在叫媽媽，我只要說：「媽！」她就感動得抱著我哭，她哭，我也跟著嚎啕大哭，根本不知道是為什麼而哭。

原來，幸福也可以如此簡單。

從這天起，我活的都是賺的！

關於我生病前後的記憶，都是爸媽、二姊轉述的；那段時間的我沒有記憶，也無法思考，更別說有什麼情緒了，整個人就像是中空了一樣，每天只會哭。我一哭，爸媽、外祖母，甚至全家人就會緊張起來，不是哄我吃就是哄我睡，再不然就是帶我去散步。

那時，我只要在睡覺，媽媽除了會幫我拉拉被子，還會用手指，放在我的鼻孔前，看看我是不是還在呼吸；這個習慣一直到現在都還改不過來。我的孩子因為不了解阿媽在幹嘛，有時也會有樣學樣，一看到我在睡覺，就會用手指來摸摸我的鼻子，有幾次不小心把我吵醒了，我問他做什麼？他說：「我也不知道，我只是學阿媽的動作而已。」

其實，在我生病以前，我就已經備受寵愛了；我生病之後，大人們更是對我呵護備至。那段時間，只要我和兄弟姊妹吵架，媽媽都會把他們拉到一旁，唸上好一陣子。記得有一次，媽媽又把大妹拉到一旁，不知媽說了什麼，只聽到大妹大聲說：「媽，免驚啦！哥會死老早就死了，不會活到現在。」

後來才知道媽媽是對妹妹說：「不要和妳哥吵架，妳哥隨時都會死！」

原來爸媽把醫生說我最多只能活三年的囑咐一直放在心上，因此，當我出院滿三年的那一天，我媽對我說：

「從這天起算，你活的都是賺的！」

多活一天，就多賺一天！原來幸福也可以如此簡單。這樣算來，我轉眼間也賺了幾十年的生命經驗，不管這經歷是什麼，反正是多的、是上天免費送的，就不必太過計較了。

還記得在我病好回家前，爸爸帶我到民權東路的行天宮還願。那天好像有法會，人很多，我拿著香站著聽頌經，一會兒跪下，一會兒又站起來拜，沒兩下我就腳軟了，水源叔只好抱著我坐在龍柱下。那時，覺得時間好漫長，濃濃的香煙燻得我快無法呼吸，我當時好希望那位紅面、高大，穿綠色蟒袍的神能走出來讓我再看一下，或許真是因為祂的守護，我才沒被鬼差拎去陰間。

對於神明，我從不敢說我不信，因為神明的存在，爸媽在我生病無助時，找到了依靠，我怎能病好了，就忘了祂曾安過我父母的心，讓他們能懷著希望陪我走過那漫漫長夜呢？

活著真好！還好，沒在那時死掉，否則，我就沒機會經歷生命的許多苦痛、挫敗，嚐到甘美的果實。活著真好！不管未來的生命是何等遭遇，我會展開雙臂，迎接它們，與它們欣然相遇！

活著，真好！

我賺了幾十年，夠了！但如果再多給我幾十年，我會更豐盛，讚頌生命——活著，真好！

看見自己

珍視每個片刻

在我們眼裡或別人眼裡，不論我們是好或壞，只要我們活著，沒有比擁有生命更珍貴的了，已經有了世界最珍貴的寶，其他的擁有，都只能算是點綴而已。

你或許也知道差點死掉的經驗，其實活著的每一片刻，都可能和死亡擦身而過，只是大部分我們不知道而已。當我們有機會慶祝歷劫歸來，或死而復生，我們才了解生命的珍貴；了解了生命的珍貴，其他值得我們計較的事物就不多了。

每一片刻，都值得慶祝，不要因為它來得容易而輕忽，慶祝它吧！活著，真好！

不會看時鐘的小孩

是誰沒事發明了時鐘，讓這世界如此緊張呢？

慢慢來，不要急

回到家之後的我彷彿是個風吹就會破的玻璃娃娃般，尤其是外祖母和媽媽對我，可說是小心極了，她們幾乎不准我出門，大部分的時間只能待在家裡；好不容易偶爾被允許去礦場的福利社買點糖果，也得有人陪著。甚至以前的鄰居、玩伴來看我，媽媽、二姊都要求我說出他們每個人的名字，以及和我玩過什麼，就像我還是個小嬰兒般開始重新學話。

這樣當了一、兩個月的病人，我體力漸漸恢復，慢慢會講一些簡單的對話、處理自己的生活。我白天都一個人和妹妹玩，直到我看到別人去上學，好像很快樂，我開始想去上學；二姊發現我似乎很想上學，便拿以前我讀過的書給我看，但是不論二姊怎麼教，我怎麼看，就是什麼都記不起來，連簡單的數字也都沒有印象。二姊似乎發現了我的問題，便跑去和爸爸說，然而爸爸倒是樂觀得很，不但一點都不擔心，還要二姊慢慢來，不要急。

可是二姊還是有些急，「阿爸，阿偉好像連姓名都不會寫。我教他數字，6和9他就要想很久。我教他6是溜滑梯，溜下來，所以圈圈在下面，阿芬（大妹）都會了，遇到6他就好像什麼都不記得了！」

「不要緊啦！因為腦部發炎損壞，醫生當初就有說過，有些能力會退化或失去，現在阿偉不但可以開始講話，腳也會走，手也能正常活動，我已經很高興了。妳都沒看見在醫院裡其他的那些孩子。阿偉在醫生眼裡已經是『奇蹟』了呢，拖了幾個星期才就醫，腦子竟然沒燒壞！」

說著說著，爸爸微笑摸摸我的頭，然後也摸摸二姊的頭，眼睛泛著淚水。對他來說，將近這兩個月來，他的內心已經備受煎熬，能從鬼門關拉回這個孩子，已經夠了！但爸爸並沒有把醫生說我只能活三年的事告訴二姊，二姊畢竟還只是個孩子。

重返學校的擔憂

又休息了一個星期，爸媽決定週一讓我回學校。我知道了以後，高興得不得了，但爸爸可沒有感染到我的高興。他看著替我準備好的制服及書包，臉色沉了下來，要上學，什麼都不會怎麼辦？怎麼跟得上？而外祖母及媽媽的煩惱也不比爸爸少，「阿偉現在這樣，不知同學會不會欺負他？學校離家又那麼遠，若暈倒誰來救他？」

「爸，我已經讀初中了，偉仔若要再去學校讀書，誰照顧他？」二姊也有她的憂慮，當初為了讓二姊能帶我上學，爸媽花了很大的力氣才讓學校破例同意准我提早入學，而我現在這樣，怎麼能教二姊不擔心？因為已經升初中的她，現在要轉兩次車到大溪去讀書，因此清晨五點不到就要出門，即使走一個多小時山路到三民，也才六點多，我這麼早去學校做什麼呢？

爸爸把所有問題，逐一地思考及做了安排。

星期一，爸爸親自帶我去學校。進校門前，先至校門口前的衛生所拜訪「蕃仔醫生」，謝謝他之前的醫治及照顧，並將台大醫生的囑咐詳細地告訴他，希望他在我有緊急狀況時，能先給我治療，醫生親切地答應，並要爸爸安心。之後，爸爸又帶我去找他在附近開麵店的朋友——阿坤伯，拜託他每天中午為我準備午餐，並做學校的緊急聯絡人，一切交代好了，才帶我進學校。

我一進教室，同學就給了我熱烈的掌聲。為了就近照顧，老師把我安排在第一排的第一個位置，當時班級人數很多，原本一張只能坐兩個人的桌子，擠了三個人，我坐在中間，有點擠，不過有一種很新鮮的感覺。

爸爸和老師談了很久，才進教室向全班同學鞠躬拜託，告訴同學我生病的情形，希望同學能幫忙照顧我，不要讓我做激烈活動。爸爸還特別準備了糖果來分給同學，大家喜氣洋洋好像在開同樂會。

此外，爸爸還拜託了校長和主任，希望能夠免我參加升、降旗曬太陽。當天老師還特別向同學展開一場機會教育，講解日本腦炎的傳染途徑。我還記得我的導師是位復興鄉的原住民，她臉上長了青春痘，個性十分的活潑熱情，從新竹師專畢業，自願回鄉任教，一直到現在我還記得她的名字——高阿金老師。

我連名字都忘了怎麼寫

因為我生病的關係，在學校裡我享有許多特別的待遇，作業比別人少，照顧卻比別人多。印象比較深的是在二年級下學期的算術課，每次上課，老師都要搬出教學用的木板大時鐘，她把時鐘上的指針撥來撥去，同學就齊聲回答幾點幾分，然後老師開始教時間加減。一連幾個禮拜下來，課堂上都在教大家看時鐘，老師也沒發現我有什麼異樣，直到有一天，老師要大家收起課本，做筆記測驗，老師特別走到我身邊，我假裝很認真在寫，她看了我的測驗紙嚇一跳：「盧蘇偉，你不會寫你的名字？」

因為我只寫了個開頭，中間歪歪斜斜的湊不齊，下面就沒了！

老師又問：「時鐘你會不會看？」

我有點害怕地點點頭。

「真的會嗎？」

我又嚇得搖搖頭。

老師走到時鐘教具旁，隨便一撥問我：「這是幾點幾分？」

「1、2、3、4……」

「盧蘇偉，這些數字你會嗎？」

老師有點急了，聲音也提高了。

「會！我會！」我怕老師生氣，很快地回答老師。

老師用手裡的藤條指著3，我心裡就默默數著：1、2、3……

老師說，什麼都不會不打緊，但至少要會自己的姓名。

「3！」

老師又指了個9，我遲疑了很久，不確定地說：「8？9！」

老師似乎明白了怎麼回事。「盧蘇偉，你坐下。」

這天起，我的國語作業，不再和同學一樣，老師要我寫自己的名字十遍。下午下了課，她要住在我家附近的同學去通知我爸爸來接我。她把我留了下來，拿了數字的字卡，從0至9逐一地教；還好，在回學校前，二姊已經預先教我了，除了6和9偶會弄錯，十個數字，差不多都會了，1、2就比較容易，就1和2嘛！

高老師接下來教分針，她用5、10、15、20、25、30、35……逐一地教，這真的有點複雜。

「1是五分，2是十分，3是十五分……」

老師還是很有耐心地教，我也很認真想學會，但不知為什麼就不能專心。

「盧蘇偉，你要認真，什麼都不會不打緊，但至少要會自己的姓名，要會看時鐘。認真地學，知道嗎？」

老師收斂起笑容，我頭皮一直麻起來，頭腦不知為什麼就一陣、一陣的空白，我很想哭，但我不敢。

老師接下來教我看時間。一開始，她撥的都是整點，我沒多久就學會了；半點（三十分鐘），也還算容易。但接下來老師撥的時間，不是整點，也不是半點（三十分鐘），我開始緊張了，只能勉強看短針。

「七點……七點……」

「盧蘇偉，如果一時記不起來就從頭開始算，5、10、15、20……這是多少？」

「二十……五！」

「很好，就這樣！」

老師手又撥時鐘，我眼睛偷偷望著外面，真希望爸爸趕快來！

「幾點？幾分？」

「八點……」

「來，跟老師唸，5、10、15、20……45。所以是？」

「四十五分！」

「這樣會了嗎？老師現在不講，你試試看。」

老師手又撥時鐘的指針，問：「幾點？幾分？」

「六點……」

老師用手比五。

「五分！」

「五你個頭啦！5、10、15、20、25……六點二十五分啦！」

老師開始沒什麼耐心了。天漸漸暗了，晚霞的紅光映照進了教室，老師的臉，大大的眼睛，輪廓分明的五官，我瞄她一下，再也不敢看她。

老師跟我一起哭

天暗了下來，老師打開了裝燈泡的電燈，米黃色的燈光應該會是溫暖的，但不知為什麼，我從腳底板一直冷顫起來，愈來愈沒辦法專心。老師似乎忘記我是生病的小孩，她像平常對其他小朋友的嚴格，用藤條狠狠地抽打課桌。

「專心！我現在開始考你，不會我就打你！」

老師撥了時鐘的指針：「幾點？幾分？」

「八……」

「還在八，這是九點！手伸出來！」

「咻！」打在我手心，痛得我兩手交互搓揉著，痛都還來不及消退，老師又撥動鐘面的指針，

「說！幾點？幾分？」

我腦子一片空白，只好從頭默數，遲疑了許久，才心虛地回答：「七點。」

「七點？看清楚！」

「八點。」

「八點？時針是短的那支！」

「一、二、三，三點！」

「幾分？」

「七——七——」

「手伸出來！」

又是咻一下！我痛得也管不得老師在講什麼，眼淚再也忍不住地湧了出來！

老師似乎沒要歇手，只是大聲斥責：「學不會，還敢哭！」

我淚眼模糊地看著老師重撥的鐘面。

「幾點？幾分？」

我眼淚不爭氣地湧了出來，搓一搓手，伸了出來，哽咽地說：「我不會——我不會——」

老師氣得把藤條重重地摔在地上，因為力氣太大，藤條彈起來打到講台，我嚇得不敢大力呼吸，低著頭偷偷看老師。

老師氣得跺著腳。「不會！不會！我教了你四個小時，你知不知道？你連時鐘都不會看，以後你怎麼辦？」

老師邊說邊向後退，一不小心撞到椅子，就跌坐在椅子上，竟然哭了起來！

我剛開始被嚇到了，不敢出聲，看到老師趴在課桌上哭，我也忍不住發痛的手，還有一肚子的委屈，開始嚎啕大哭，把緊繃了幾個小時的壓力用力地哭了出來，邊哭邊說：「我又不是故意的！」

也不知哭了多久，沉靜的教室，突然聽見了另一個哭泣，阻塞鼻管的抽泣聲，我和老師同時停住了哭泣，往聲音傳來的門口看去——

只見我爸爸站在門口，不好意思地拿著手帕拭淚、擤鼻涕。老師有些不好意思，馬上展現和藹可親的笑容，走到教室門口迎接爸爸，邊走還一邊擦拭自己的眼淚。

爸爸向老師一再鞠九十度的躬，「老師，謝謝妳為蘇偉的付出。」說著說著，眼淚又湧了出來。

我的心突然輕鬆起來，我知道我得救了！

爸爸和老師在說話，我也沒什麼興趣，眼睛盯著時鐘的板面，看著長、短的兩個指針。

「幾點幾分？說！」

「幾點幾分？」

「幾點？」
我自問自答，但頭腦卻完全沒有回應！
在生命的旅程裡，我常看著時鐘發呆。我真不懂，是誰沒事發明了時鐘，讓這世界如此緊張呢？

BEST 看見自己

知道自己會什麼

在生命的長遠旅程，我一直在乎自己不會拼音、不會四則運算、不會英文、不會樂譜、不會唱歌、不會……

直到好大了，才放心自己不會什麼根本是不要緊的事，要緊的是，知道自己會什麼！只要會一樣全世界沒有人會的，或少有人知道的技能就夠了！

你會什麼？你真的知道嗎？

我不要再讀書了

我搓揉著發疼的手，突然眼淚就流了下來……

星空下的巨人爸爸

爸爸一再地向老師鞠躬，才把我帶回家。

爸爸揹著我的書包，牽著我的手，穿過寂靜無人的教室走廊。黑暗的教室裡，微光映在無人的課桌椅上，我彷彿仍看見、聽見人頭攢動、嘈雜的教室，但我轉頭看著校園、操場，一片死寂，只有四周的樹木在狂舞、騷動，我突然有了個念頭——從此不要再進學校了。

「我不要再讀書了！」

爸爸粗厚溫暖的手，緊抓著我，讓我心裡翻騰的念頭，停在喉頭，怎麼也說不出口。

「阿偉，阿爸帶你去吃豬肝麵，阿坤伯煮的，很好吃哦！」

爸爸似乎感受到我心裡想說什麼，他一講到熱呼呼的湯麵，我也就忘了再想這件事，滿腦子只剩下肚子咕嚕嚕的叫聲了。

吃麵時，我一直看著爸爸，我想，他一定會對我說些什麼吧？可是什麼也沒有。他只是很溫和且平靜地吃著麵，並和阿坤伯聊天，一個勁地謝謝他對我的照顧。麵吃完了，冒出了一身汗，有種說不出的滿足感，也就忘了看不懂時鐘的事了。

從三民國小可以坐公路局的客運車到分水崙（礦場的山腳下），再走山路回家，但由於班次很少，爸爸提議我們用走的回家。爸爸提著手電筒，牽著我的手，山間很安靜，除了偶會有狗叫，只有風吹樹林沙沙的聲音。爸爸好像在想什麼，一直保持著沉默，我不時側頭仰看他，期待著他能夠說點什麼，這時的爸爸彷彿像個巨人，高大地聳立在星空間。當時的馬路還沒有柏油，一不小心就會踢到小石頭或扭到腳，我可能因為側身仰望著爸爸，一時分神，差點滑倒。

「小心！」爸爸抓緊了我的手，把我提了起來，等我站正了，他突然像打開話匣子般，開始敘述他讀小學時，遇到的一位疼愛他像是自己孩子般的日本籍老師。爸爸說，這位日本老師不僅常送吃的、穿的給他，在他讀完初中以後，還透過關係保薦他到日本公費留學。在日本讀書，每個月零用金是一圓，但他總是省吃儉用地想盡辦法留下五角寄回給家裡用；吃的東西不夠了，他就和同學去偷人家儲藏室的地瓜，躲在防空洞烤來吃，有幾次差點因為缺氧窒息而死。日本天氣冷，衣服不夠時，他們的教官就要他們脫光衣服，用冰水把他們和自己澆溼，然後帶他們一起跑操場，直到跑到全身都發熱流汗了才回教室。那段時間裡，他唯一也是最大的遺憾就是，當祖母病逝時，他完全不知道，連最後一面也未見到。

就這樣，平日嚴肅少話的爸爸，一個人自顧自地說起了自己的成長故事，似乎帶著我走入了他的童年及因戰事艱苦的成長之路，我聽得十分入神和感動，不時看到爸爸用手去拭淚，我不自覺地用另一隻手去握爸爸的粗糙大手，或許我是想安慰爸爸，或謝謝他告訴我這一切。

你和我一樣，都很幸運

一路上邊聽著爸爸講的故事，不知不覺就走到分水崙的小店，這時，爸爸說要休息一下，便走進店裡。老闆一看是爸爸，立刻迎了出來，一邊和爸爸打招呼，一邊摸著我的頭，還順勢從糖果罐裡抓了一把糖要塞給我，爸爸看了趕緊要掏錢給老闆卻被阻止，老闆語重心長地對我說：

「偉仔，你的命是你爸媽用心計較撿回來的，以後，你一定要孝順父母。」

我含著糖，仰望著老闆，並點點頭，表示知道。老闆滿意地又摸摸我的頭，這時，他突然看到我還揹著書包，便問爸爸：「阿萬仔，阿偉怎會這麼晚才放學？」

「是——這樣的，有一點功課跟不上，老師特別給他補課。」爸爸回答得有點不自在。可能是為了要避免老闆再多問些什麼，於是，爸爸謝過老闆，就拉著我離開了。

走著走著，我們進入了運煤卡車走的山路，這是一段上坡路，兩旁是茶園，完全沒有住家，比之前走的路還要寂靜，連狗叫都沒有。爸爸走了一段路，長嘆了一口氣，好像要講什麼重大的事情，我頓時提高了警覺，果然，爸爸開口了：

「阿偉，今天學不會的事，不要氣餒，時鐘你一年級就會看了，因為生病，頭腦反應不過來而已。高老師是個了不起的好老師，你很幸運遇到了，爸爸剛剛也講了我小時候的故事，就是被高老師的用心所感動，才懷念起伴我成長的日本老師，我們都很幸運啊！」

因為是上坡路段，爸爸和我都走得有些喘，所以，就在一處轉彎的緩坡處停下腳休息。不一會兒，爸爸又對我說：「阿偉，這麼好的老師，她教你一個比教十個還辛苦，所以，你對老師應該有十倍的尊敬！」之後，就沒再說話了。

在這黑夜的荒郊外，在手電筒反射的微光中，我看著爸爸深深期許的眼神，有著難以言喻的感覺，我似乎感覺到爸爸好像在等我回答，但我不知該說些什麼，只勉強擠出話來：「我都跟你一樣，這樣敬禮！」

我做了一個九十度鞠躬，給爸爸看，證明我真的很尊敬高老師。

爸爸笑了出來，像是在讚許我，也像是憐惜這個憨直的孩子般，用手輕按著我的肩膀，對我說：「阿偉，日本人對老師的尊敬，是當你走在老師背後時，要離老師三尺，要戰戰兢兢避免踩到老師的影子。你了解嗎？」

我當時並不真的了解爸爸的期許和用心，只是把爸爸說的話記起來，並決定以後一定要這樣尊敬老師。

愛與不捨的眼淚

當天回到家，外祖母和媽媽早已在門口等，對我及家人來說，這一天真是漫長多事的一天！

媽媽聽了爸爸的說明，才知道我是因為不會看時鐘而被老師留下來。但爸爸並沒有提及我被老師用藤條打手心的事，我想爸爸是不想讓外祖母及媽媽心疼、難過，而刻意跳過不說的。

媽媽是個個性堅強，不肯服輸的女性，當天晚上二姊帶我去洗澡，才洗完出來，就發現客廳的餐桌上多了一個硬紙板做的時鐘。我盯著時鐘，不知為什麼手掌就疼了起來，我用手搓揉著發疼的手，眼淚就流了下來。

「媽——我不要再學時鐘了！」

才說完，就忍不住躲到外祖母懷裡，緊抱著乾瘦的外祖母嚎啕大哭了起來。媽媽被這一幕嚇壞了，焦急地追問爸爸究竟發生了什麼事？這時，爸爸才把高老師留我下來，因為教不會，自己也很急，而用藤條打我手心的事告訴了媽媽，但由於媽媽沒有正式上過學，爸爸怕她誤解老師的用心，又特別強調高老師自己也很挫折地哭了的那一段。

聽完爸爸的說明，媽媽雖然勉強能接受，但是仍很難諒解。她心疼地把我從外祖母懷裡拉出來，細心地看著我紅腫、瘀青的手掌，一邊流著淚，一邊不捨地輕揉著我的手。外祖母則是拿來跌打損傷的藥水，輕輕地搽著我的手掌，用酒泡的藥水，讓我的手更加疼痛，一時之間，累積在我心中的委屈和難過迫使我把一路上想對爸爸說的話，混雜著淚水宣洩而出——

「媽媽——我不要再上學了，我不要——我不要——」

我一說完，周遭突然變得好安靜！好安靜！一整天的倦累使得我不知不覺地在媽媽溫暖舒服的懷裡，沉沉睡去。

然而，媽媽卻一夜心疼無法成眠，多次打開我的手掌，為我敷藥，之前生病時一次次把我從鬼門關拉回來的驚悚與無助，又再度重演。見到孩子受了委屈，一個母親流下的愛與不捨的眼淚，這樣的心、這樣的情，一直等到我為人父，在夜裡凝視著幼子純真細緻的面孔，我才充分體會。

BEST 看見自己

愛在此刻

愛是什麼呢？

成長的歷程裡，愛在進行著，而我們常不自覺老師、父母、親人的付出與用心；但所經歷的愛，會在生命的另一個時空，流進我們生命的深處。

我們很難在當下被愛感動，但會種下一顆種子，隨著時間、情境的滋養，在某一個我們未預期的情境裡，讓我們由內在深處激起感動的漣漪。

愛是什麼？

愛是我們現在正在經歷的一切！

永不放棄的努力

沒有學不會的，只有還沒找到適合自己的方法！

媽媽跟我去上學

早上，一夜沒睡好的媽媽，以不捨的心情，輕搖我起床。醒來時已聞到廚房裡媽媽做飯的味道，媽媽似乎也沒要勉強我去上學的意思，我便試探著對站在床邊的媽媽說：「我不要去上學！」

「阿偉——」媽媽原本可能想勸我或鼓勵我，但話未出口就哽咽地講不出話來。看到媽媽哭，我也受到影響，眼淚忍不住流了下來。

由於平日我都是隨二姊上學，清晨五點左右就要起床，媽媽為了準備早餐和便當，也必須早早就起床，所以，這時屋裡已經燈光大亮，二姊早就漱洗著裝完畢，站在床邊，我瞇著眼看二姊一下，又含淚沉沉睡去，迷迷糊糊中，我聽見外祖母、媽媽、二姊的談話；聽到二姊出門的聲音；最後，聽到爸爸也加入了討論。我斷續聽到爸爸堅定口吻說的話。爸爸畢竟是一家之主，討論了沒多久，就做了重大決定，這讓我的頭腦想不清醒都很難，爸爸說：

「不讀書也無所謂，但遇到事情就畏縮、逃避是不可以縱容的態度，愈怕的事，愈要勇敢面對！」

爸爸是受完整日本教育的，很能體會老師的愛，但媽媽沒上過學，對老師只有敬畏。雖然媽媽不敢違抗爸爸的想法，然而慈母的不捨讓她忍不住又哭了起來。媽媽哽咽地說：

「命是撿回來的，什麼時候死掉也不知道，去學校，若再學不會，老師再打他怎麼辦？昨天打的手，剛剛我看了，都還沒消腫！」

爸爸一時也很難做決定，他知道若縱容我在家休息，要再送我去上學，就不是件容易的事；若要勉強我上學，他們又有所不忍。在一陣沉默中，爸爸有了好想法。

「阿菊，今天妳帶阿偉去上學，阿偉若情緒失控，妳就在學校陪他。今天是讀半天，中午再帶他回來。」

「好是好，妹仔要怎麼辦？」

媽媽看著熟睡的大妹，才兩歲多，不能沒人照顧。

「這樣好了，阿母今天就不要去工作，燒水顧爐的事，我請工頭調個人幫忙。」

「還是要去上學！」我當然不喜歡這樣的決定，但就在爸爸的決定出口後沒多久，媽媽便輕輕地來把我搖醒，幫我穿上衣服，外祖母則用毛巾幫我抹臉，我一點反抗的餘地都沒有，等我一吃完早餐，媽媽就拉著我的手走向上學的小路。

翻山越嶺，走向未知

平時都是二姊拉著我，媽媽和外祖母倚著門，要一直望到我走過分水嶺的地方，看到我們揮手才進家門；今天是媽媽帶著我，外祖母和平常一樣一直站到看我們過嶺了，才進家門。外祖母纖瘦的身體，站在遠山的另一頭，漆成黑色的鐵皮、木板屋，我覺得這一幕有種奇特的滋味，我仰頭看媽媽一下，媽媽的感觸應該更多。

「阿偉，你阿嬤每天站在門口看你上學，每天都掉眼淚，尤其下雨天，你和阿美（二姊）罩著雨衣，阿嬤就說你像一粒蘑菇，實在捨不得你去念書。但不念書如何出人頭地呢？你是一個乞食

對我來說，這不僅是一條路，也是一段心境的歷程。

兒，不該出生來這個世界，一出生就家變，從小先天不良，後天又失調，才會得腦炎，做阿母要帶你上學，看你被老師罰，真的很捨不得！」

媽媽流著淚，邊說邊拉著我的手向前走，我不知能說些什麼來安慰媽媽，之後，媽媽就沒有再開口，一路上我們沉默著，偶爾我抬頭看她，只見她頻頻擦拭著眼淚，我不知道媽媽在想些什麼。等車、坐車，一直到校門口，都沒再多說什麼。

對我來說，這條路的確有著太多回憶，初到此地的蠻荒、原始，因煤礦的開採而漸聚人潮，山林雖然沒太大的改變，但路為了運煤而拓寬了，也鋪上了碎石子，這條路來來回回也不知走過千百趟，光是我生病就醫，一天裡就曾來回三、四次。它不僅是一條路，也是一段心境的歷程。媽媽似乎獨自沉溺在這過往的記憶裡，走著走著，到了分水崙的小店。若不是帶我，爸媽、二姊是很少坐車的，一張票是一元五角，當時五角可以買三枝清冰，他們總捨不得這些錢，寧願再走一個小時的路到三民村。

第一次上學的媽媽

終於，我們到了校門口，媽媽深吸一口氣，用力地吐了出來，拉起我的手對我說：「阿偉，我們走！」

後來我才知道，那是媽媽第一次踏進學校大門。媽媽從小就想要讀書，但因家中重男輕女，她只能悄悄地一個人到學校門口去看同年的小朋友讀書，好幾次被繼祖父發現，被帶回去言語羞辱一番。所以，帶我上學，她踏入校門的一刻，心情是百感交集的！

媽媽只會簡單的國語，高老師是原住民，台語幾乎完全不懂，兩個人都唯恐對方誤解，竭盡所能地表達善意，老師也特別通融，讓媽媽和我一起坐在教室後面學習。媽媽看起來有些興奮，上課專注而認真，不時地用手指引我老師教到的地方。

下課回家路上，媽媽揹著我的書包，好像第一天上學的小孩得意洋洋，她一再告訴我上課很有趣，她好希望天天都能來上課，不知不覺中，我也感受到她的那種興奮。但，我不明白媽媽不識字，怎麼知道老師講到哪裡？我問媽媽，媽媽笑著說，她是偷偷看其他同學翻到哪一頁，手指在哪裡，來猜出老師講的地方的。

我會看時鐘了！

回到家，晚上媽媽請二姊教她識字。媽媽和我像個學生般，二姊唸一個字，我們學一個字，媽媽生疏的國語，繞舌地、一次又一次地唸，我突然覺得念書很有趣，也跟著媽媽一起唸。媽媽看見我很認真，神情感覺到輕鬆和愉快，臨睡之前，她不知藏了什麼在後面，走到我身旁，悄悄地對我說：「阿偉，媽媽想要學看時鐘，你願意陪我嗎？」

「嗯！」我點點頭。

媽媽就把昨晚她做的時鐘拿出來，請二姊當老師。媽媽假裝自己不會看，還故意把時鐘掛顛倒，問我時鐘的頭和腳怎麼區分，氣氛很愉快地進行著。

二姊從整點、半點，十五分、三十分、四十五分逐一地教，媽媽似乎發現我很難專注，而且看過就忘，長針、短針常弄錯，於是她想了一個辦法，時針用硬紙板剪成大大的，分針剪成細細長長，時針用紅蠟筆塗上顏色，分針用黑色。媽媽不說時針，她都用台語說「大個呆」站在哪裡，分針則說成「竹篙」指在哪裡。

我好像懂了，先看胖胖的紅短針，再看細長的黑長針，一下就懂了，5、6、9偶會弄錯，大致上看幾點已經沒問題了；但分針1是五、2是十、3是十五，這對當時的我來說，真的有些難。爸爸看到我們在學，很有興趣地站在後面旁聽。媽媽和二姊似乎遇到了瓶頸，媽媽剛開始用手指一隻手五根手指、兩隻手十根手指、三隻手十五根手指，一隻手、一隻手擺在一起給我看，不太容易理解。

媽媽突發奇想，問我：「阿偉，你會自己跑的火車在哪裡？你去拿來。」

我拿了我的玩具火車，媽媽也到廚房拿了好幾個火柴盒，倒出火柴棒，沿著圓形時鐘的分，一格放上一枝火柴棒，圓形的時鐘放射狀地圍著黑頭向外的火柴棒，像是一個有趣的太陽。媽媽抓著我的手，拿著小火車走在火柴棒的外圍，對我說：

「阿偉，你看哦！火車要開囉！第一站到了，一格五分鐘，你算火柴棒有幾根？」

「五根！」

「第二站到了，火柴棒有幾根？」

「十根！」

「第三站到了！」

「十五根！」

那一晚我興奮到不想睡覺，要媽媽再考我，但媽媽一看時間已經很晚了，便答應我明天放學回家後，一定會再陪我玩火車到站的遊戲。

自幼天資聰明的爸爸，站在一旁看媽媽教我的樣子，忍不住稱讚媽媽：「真可惜！阿菊妳沒讀書，妳若讀書做老師，這個世界一定會少掉許多白癡！」

媽媽似乎也是這麼認為的，她常對我們說：「若我出生是個男孩，我今天就不會這麼歹命。我若認字會拿筆……唉！如果可以讓我讀書……」

BEST 看見自己

相信自己的天賦

識字讓我們打開知識的大門，在一九五〇年至一九七〇年代，它是打開一個人的希望之門。而在這個時代，不識字的人已經很少了，英文成了另一個知識之門，但未必是希望之門。我們在學習旅程中，都曾有過不同的挫折，我們是否因此而退縮，關上了這道知識之門呢？

「沒有學不會的，只有還沒找到適合自己的方法！」

相信自己！不管任何的領域及學科，只要你不曾放棄努力，你都會找到自己的專長及天賦，都會找到自己的希望！加油！

「上帝只是把你的成功，延遲了一點時間而已。祂從不讓一個努力的人失望。」加油！

媽媽陪我上課

原來媽媽這麼賣力地學習，只為了趕緊學會好教我！

最認真的學生

隔天，媽媽徵得爸爸同意，又再次陪我上學，家裡雖有許多放心不下的事，但為了讓我能盡快適應學校生活，爸爸也覺得，有媽媽陪我上學，對我的學習必然有幫助。

一開始有媽媽出現在教室裡，老師和同學都顯得拘謹，漸漸地，有幾名活潑的同學開始對媽媽充滿好奇，又過了沒多久，只要一到下課時間，就會有一群小朋友同學圍在媽媽身邊問長問短，他們好奇媽媽為什麼不在家裡或去工作，反而坐在教室裡和大家一起上課，媽媽總是會笑著回答：

「阿偉生病之後頭腦壞了，現在要有人幫助他學習。老師太辛苦了，所以，我來陪阿偉上課。」

我一直不明白，媽媽不識字，她能幫我什麼呢？

老師上課，她很認真地學，不了解的，下課時就問班上同學，好像她才是班上的學生，我反而像是來陪讀的。上課時我不吵不鬧，不是坐著發呆，就是拿鉛筆亂塗鴉，偶爾媽媽會提醒我要注意，但我還是只能專心一下下，很容易就分心；媽媽正好相反，唯恐漏聽老師所講的任何一個字。媽媽會簡單算術，會記帳，但斗大的字不識幾個，她吃力地描畫老師寫在黑板上的字，記在她的筆記本裡。她寫的字，老師看了都深被感動，特別在下課時花了些時間糾正她，老師還讚賞媽媽是個了不起的媽媽！

回家路上，媽媽還要班上的班長，也是我們的鄰居——阿義，唸課文給她聽，一個多小時的路途，媽媽從生澀結巴、生硬的國語，到能平順地用台灣國語唸完課文，同行的小朋友都給媽媽掌聲。沿路媽媽要我一起唸，我有口無心，媽媽會唸了，我還是一句也唸不出來。

馬、鳥和寫，明明是同一個字啊！

媽媽回到家，很快地忙完所有家事，就拿出課本、紙筆，要二姊做小老師，逐字地教我識字，這時我才了解，媽媽這麼賣力地學，只為了能夠趕緊學會好教我！媽媽才上兩天課，課文的字已經認得了七、八成，二姊看媽媽那麼用心認真，而我卻常分心、發呆，氣得直罵我：

「阿偉，你自己看看，媽媽為了你，這麼認真在學，你怎麼都學不會？你不是笨，你是不用心！」

聽二姊用那麼重的話說我，我很不服氣地回她：「我有認真！妳在教，我都有聽啊！」

媽媽怕破壞了學習氣氛，制止二姊說話，把紙筆推到我面前，對我說：「阿偉，來，我們把今天老師教的字一起寫一次。」

課文是什麼我早記不得了，我只記得課文中有三個生字，我怎麼樣都分不清楚，索性全都讀成「馬」。為了要讓我看清楚一點，媽媽特別用硬紙板要二姊寫大一點讓我來分辨，但是，我還是看不出來，弄了半天，我已經有點不耐煩了，賭氣地說：

「明明就是同一個字嘛，妳們看，這三個字都有大屁股、四條腿，根本全都是馬呀，妳們為什麼硬要說是『鳥』和『寫』呢？」

媽媽突然領悟到我「卡」在哪裡！她拿了一張空白的紙遮著字的下半部。「阿偉，你看！『馬』的脖子有長鬍鬚，『鳥』的嘴巴尖尖的，『寫』字的頭上戴著帽子，因為會寫字的人在歌仔戲裡都當官，所以戴帽子。」

「真的耶！真的不一樣！」我彷彿像發現了新大陸似的，興致高了起來。媽媽也似乎找到了教我的竅門，就又從課文裡挑出相似的字，用同樣的方法問我：「阿偉，你看這三個字，『尚』、『常』、『掌』，你剛剛也說一樣，一樣在哪裡？」

「妳們看，它們都戴國王的帽子，穿一樣的衣服，肚子上還印了撒隆巴斯（膏藥貼布），所以都一樣啊！」

聽完我的「解讀」，媽媽便拿紙把上頭遮起來，然後對我說：

「阿偉，『尚』是沒穿褲子的，叫『尚』未穿褲子，『常』的褲子常常燙得很直，『掌』是褲子被手抓得皺皺的，這樣是不是可以分辨出不同了？」

用我能理解的方式教我

我認字的困難，在於無法區分同中相異、異中相同之處，媽媽的教法，讓我對字有了很大的興趣，特別從課文中又找了一些長得相似的字，如「囚」、「因」、「困」、「回」，這回媽媽也不太懂了，只好問二姊。二姊也用類似媽媽的方法來教，只是她的方法是把它們編成故事：

一個人到森林探險，掉到一個方方的陷阱裡，成為土著的「囚」犯，「因」為這個人長得很高大，被「困」在裡面他一點都不害怕，拿了一根「木」頭，就逃出來了，要「回」家因為太匆忙，掉了一條手帕在陷阱裡！

二姊的故事實在很吸引人，不知不覺地我竟然沒有分神，我覺得有趣極了。這時，二姊就要我拿著字卡，自己練習講這個故事：

「有一個人，在陷阱裡。」

二姊馬上糾正我：「是在森林裡。」

「沒關係，阿美！妳讓阿偉講，他囚犯的囚已經記住了，不是嗎？」

這時，我突然發現爸爸不知道什麼時候已經站在後面看了，只見他的臉上始終掛著笑容，不過，這一分神，讓我原來會的又忘光了！幸好，在二姊的提示下，我總算是結結巴巴地講完了四個字的故事。

家裡就是特教教室

經過二姊和媽媽的「特殊教育」方式，我覺得學識字好像沒之前那樣困難了。在睡前，我要求媽媽要再玩火車到站的時鐘遊戲，媽媽看我已經會看時和分，想讓我也了解老師正在教的時間加減，她又拿了好幾盒火柴，把火柴棒全倒在桌上，學二姊編起了故事：

「有一個人要坐火車，三點五分的火車，他三點就到了，他要等多久？」

媽媽還特別從月曆上剪下一個人的照片，用手讓那一個人站在分針上，她再移動分針到1的位置，問我：「他坐在火車站等，從這裡到這裡，有幾分鐘？」

因為時鐘的外圍像昨天一樣，放射狀的排了六十枝火柴棒，我用手指一數：「五，是五分鐘！」

爸爸、媽媽、二姊、大妹一聽到我的答案，都拍手鼓掌！

媽媽從一開始的坐火車，後來用上、下課做例子，最後還編了家人做事的例子，我雖然都要一根一根火柴棒地數，有時還會理解錯誤，但經反覆地在玩中練習，我好像就會看時鐘了。但當媽媽把火柴棒撤走，我頭腦又一片空白，我似乎無法憑空想像有火柴棒的樣子，但無論如何，我不再吵著不去學校，爸媽似乎也安心不少。

最美的一段上學路

由於外祖母健康欠佳，又要顧爐火，又要照顧大妹，所以，爸媽商量決定，媽媽不能再陪我去上課了，不過，為了延續我的興致，媽媽每天還是會抽時間陪我玩認字、看時鐘的遊戲。

媽媽陪我上了整整一個星期的學，教室裡似乎有趣多了，老師也因為媽媽在，不僅沒有動棍子打人，也少大聲斥責我們。那時我們的課都只有半天，我對課堂上老師教的倒沒什麼特別記憶，反而是對上、下學媽媽陪我走這一個多小時，來回要三個小時的路途印象深刻。

媽媽雖沒有再和我一起去上學，但她似乎想藉著我的眼睛和頭腦，把上學的經歷分享給她，每天回家後她都會問我，分水崙上的百香果紅了沒？大窩的池塘有沒有看到白鷺鷥？水泥橋下有沒有小孩再拿竹竿去搗燕子窩呢？只可惜，我記住的事都不是她想知道的事，譬如，有石頭丟烏秋鳥，沒丟到，反而打到牛，被農夫追著喊打。但無論如何，這段期間雖短，卻是我上學歷程中，最美的一段！

看見自己

用心珍惜，深深感恩

生命旅程裡，在當時我們可能只在乎其中的得或失，但在回憶裡，最美的，卻是那未知得失的過程。

每一片刻都是美好的，用心體驗、經歷它，每一片刻都會留下生命的驚嘆，即使是平凡無奇的遭遇。

用心珍惜！沒有人「應該」或「必須」為我們付出或努力，一切只因為有愛、有情！感恩一切！我們是如此有福，能擁有別人的「愛」和「情」呢！

當我們愈細心體會，心就愈柔軟而易受感動。但這一切都必須經歷無數的歲月，才能夠體會及珍惜。

雞腿的滋味

考十分的我啃著大雞腿，考九十分的同學卻被爸爸痛打。

一人上學，兩人受惠

自從媽媽不再陪我去上課以後，每天，我一下課她就接過我的書包，拿起我的課本，像個好學不倦的學生一樣，不停地問我老師教到哪裡？上課完全無法專心的我，根本不知道該如何回答媽媽，於是媽媽就自己翻，只要翻到我在課本上亂塗鴉的地方，大概就是老師教到的地方了。

平常媽媽都是邊做家事，或餵大妹吃飯時，邊把課本放在一旁用半生不熟的國語，逐字逐字地讀，讀不懂的就用鉛筆輕輕地圈一個小圈在旁邊，晚上再問爸爸或二姊，然後再經由她的方法，教我識字、讀書。我也不知為什麼，媽媽講的時候都會，隔幾分鐘再看，就全忘光光，爸爸常開玩笑地對媽媽說：

「繳一人學費，兩人受惠，一人吃兩人補，但該補的都補不到，都肥到媽媽身上了！」

這種情況一直到我升上五年級，我們全家搬到大溪後，媽媽為了家計，不得不到工廠去上班，我才開始靠自己去認識了幾個字。後來當我為人父，有時看到我太太急切地想要教會孩子，偶爾會稍微大聲地斥責孩子，我都會不忍地走過去，輕輕拍拍孩子的肩膀，並為太太按摩打氣。偶爾，我會回想起小時候媽媽的用心，她從不曾因我學不會而罵過我，她總說都是她不好，才會讓我的頭燒壞了。小時候還以為媽媽是應該的，直到為人父母後才了解，接納孩子不一樣的特質，容忍孩子一再挫敗，除了需要好的修養，更要有無怨無悔的愛！

然而我從未對媽媽的付出，表達過任何感恩的意思。還記得小時候的我，由於識字不多，所以，每次考試幾乎都是抱鴨蛋，媽媽每次翻到零分考卷，都會偷偷地抽起來，拿爸爸的私章在右上角蓋個章，然後放回書包。還有，我每次下課回到家，從來都不記得老師交代了什麼事，或要做什麼功課，也都是媽媽去問我們班長阿義才知道的。

任何事都往好處想

有一次，二姊不知考什麼試，拿考卷給爸爸簽名，爸爸稱讚二姊成績有進步，不錯！我也高興地翻出鴨蛋的成績，爸爸也很高興地說：

「我們阿偉也有分，不錯！不錯！阿偉也有分。阿偉的分和姊姊的分不一樣，都是好分！」

有一天，老師發考卷，我依然是「好分」，我高興地和其他考得不錯的同學一起炫耀著我的考卷：「我也有分，我的分跟你不一樣而已，我的是『好分』！」

可能我說話太大聲擾亂了教室秩序，老師略帶諷刺地說：

「盧蘇偉，你的鴨蛋是你爸媽花很多錢買來的，你一定要捧好，拿回去叫你媽媽煮給你吃，知道嗎？」

同學哄堂大笑，還有同學開玩笑說：

「老師，你不是說：『蛋不可以一次吃太多。』盧蘇偉這次考試要吃五個蛋，會不會太多了！」

又一陣狂笑，還有同學笑到忍不住拍桌子、抱肚子，還有誇張地滾到地上，我也覺得很好笑，跟著大家一起大笑。

我記得我當時還慎重其事地告訴老師，我一天只吃一個，不會吃太多。但回報我的是又一陣的爆笑聲！

接納孩子不一樣的特質，容忍孩子一再挫敗，需要無怨無悔的愛！

老天真是厚待我！爸媽的教導裡，怕我和同學起衝突或被欺負，不是教導我如何防範別人的嘲笑或欺負，而是教我把任何事都往好處想，「善解」別人的對待及行為。因此，我當時真的很開心，還一再地提醒自己，回家後別忘了要媽媽煮鴨蛋給我吃，一天吃一個！

我考十分的獎勵，是一隻大雞腿！

回到家，難得看見爸爸提早回家，我突然想起好像有什麼重要的事，還來不及走到房間，就在地上把書包放下，找出了我疊在一起的五張考卷，用兩手捧起交給爸爸。

爸爸早已習慣我的零分，但他仍一副很認真的模樣，一張一張地看，每看一張都從口中發出讚美的聲音：「這張『有分』，這一張也『有分』。」

看到最後一張，爸爸突然睜大眼睛，仔仔細細看了一次。他大聲地驚呼：「阿偉！這張真的『有分』！」

爸爸可能太高興了，竟然嚷了起來：「阿偉，真的考到分數了！真的耶！」

爸爸的驚呼引起同住工寮的鄰居注意，爸爸高興地展示我的那張看起來和其他四張差別不大的考試卷——

「真的有分，是十分耶！」

鄰居的心裡真正想什麼不知道，但嘴裡都帶著笑容恭喜爸爸，也肯定地對我笑，或摸我的頭。

爸爸似乎也察覺到自己似乎太誇張了一點，所以趕忙解釋：

「阿偉這次生病燒壞了腦，最近才學會寫自己的名字，每次都是考鴨蛋，這次能破蛋，我才會那麼高興。」

媽媽看家裡聚著人有些緊張，手裡還來不及放下拜土地公的牲禮，就趕忙想知道發生了什麼事。

「萬嫂，妳阿偉考到分數，妳萬兄在高興！」

爸爸把考卷拿起來，在媽媽眼前揚一揚：「菊仔！妳有教就有進步，真的『有分』了！」

媽媽有些不好意思，要走進屋裡放好牲禮，爸爸有些興奮地叫著媽媽：「有什麼好吃的，拿給阿偉吃，給他鼓勵一下！」

媽媽點點頭走進廚房，不久就拿了隻雞腿和裝醬油的小碗到我面前，我看得口水都要流出來了！當時小孩能啃整隻雞腿，是莫大的驕傲，我拿著雞腿，迫不及待就到門口找地方坐下來，準備好好享受。因為吃雞腿是很難得的經驗，我還捨不得一口就咬下，用雞腿沾著醬油用舔的，可能我太陶醉了，開始咬一口，才發現左右鄰居大大、小小的孩子正圍著我，看我吃雞腿，我也管不著那麼多，繼續享受我的獎品。正在享受口中的滋滋美味時，我看見阿義的爸爸急步走過來，對著面帶笑容相迎的媽媽大聲地說：

「萬嫂，拜託你們別這樣寵小孩。整隻雞腿這樣給小孩吃！我家四、五個小孩，哪有雞腿給他們吃？」

媽媽委婉地致歉，並把賞我雞腿的緣由說一次給阿義的爸爸聽，不料他爸爸聽了更生氣：「十分吃雞腿，我阿義考一百分，不就要吃『仙腿』？阿義，去拿考試卷來給大家看看什麼才叫真正的分數！」

他考九十分，少一分，打一下……

阿義的爸爸是個養子，從小都沒機會讀書，把全部希望都放在家中的唯一男孩阿義身上，阿義很爭氣，成績一直都是班上第一名，一年級開始每一學期都當班長。阿義的爸爸在這附近，和任何人聊天，都會把話題轉到阿義身上，讓大家恭維稱讚他，可是他是個嚴苛的爸爸，常小題大作，公然教訓、處罰阿義及其他姊妹，大家似乎也習慣了，所以，就略帶嘲諷，開玩笑地你一句、我一句地談論阿義。

「對啦！早就要拿出來給大家看，我做老爸十幾年，都沒看過一根筷子串兩顆雞蛋的考卷！」

「對啦！對啦！以後阿義考試卷拿回來，要貼在事務所公布欄，給大家學習。」

「第一名！狀元郎！這是我們『石壁腳』的光榮！」

阿義就在大家你一言、我一語中，把月考考卷拿出來，阿義的爸爸驕傲的樣子，像要宣布聖旨一般：

「王仁義！一百分！」

「王仁義！一百分！」

「王仁義！還是一百分！」

阿義的爸爸每唸一張，就把考卷揚一揚，然後交給大家傳閱，這些同樣是為人父母的百感交集，但都不得不佩服這麼多一百分的爸爸，恭維的言語中都可以感受到一股酸味。阿義的爸爸拿起另一張考卷，故作驚訝狀：

「王仁義，九十分！十分跑去哪裡？說！你說啊！」

阿義一臉驚恐，有一位鄰居為了化解氣氛，開玩笑地說：「十分，就跑到阿偉家去了！你剛剛沒看到啊？」

大家把剛剛看到別人孩子一百分的交雜起伏心情，以大聲誇張的笑聲傾吐出來。

阿義的爸爸感覺很不是滋味，把怒氣轉向阿義。

「我們約定過少一分打一下！來，趴著！」

阿義雙手扶在木板牆壁上，乖乖等爸爸處罰。阿義的爸爸當眾抽出皮帶準備抽打阿義，眾人東勸西阻的，阿義的爸爸最後翻臉，表示教小孩是他的事，誰阻止就打誰，弄得大家自覺沒趣地一個個走掉，阿義的爸爸也下不了台，狠狠地用皮帶，重重地抽打阿義，不管阿義如何哀號、求饒，都堅持要打完十下。鄰居有人不忍又走回來勸阻，只加深了阿義爸爸的決心。阿義爸爸的舉動，惹來鄰居的怒氣和咒罵：「你這樣的爸爸，讓你生到的小孩，真是『衰』！」

鄰居有的走，有的離得遠遠地觀看阿義被他爸爸用皮帶抽打。原本可口的雞腿，因為這幕插曲，吃得心驚膽顫，索然不知滋味，但我絲毫不想理睬大人的紛爭和鬧劇，繼續啃我的雞腿。

不久，阿義被打完了，阿義的爸爸躲進了家裡，留下阿義淚流滿面，痛苦不堪地揉著手和自己的屁股。我用眼睛餘光瞄阿義一眼，除了屁股，他的手臂上也有傷痕，可能被打屁股痛得受不了，用手去護屁股，被皮帶抽打到的後果吧！

雞腿吃完了！我仍捨不得丟掉，繼續用雞骨頭沾醬油再舔。阿義坐在他家門旁的地上，頭埋在膝頭上飲泣著，我從來沒有被這樣打過，不明白他此刻的感受及想法，但我依稀記得當時自己的決定：

「分數一定不能考太多，名次一定不能太少，否則會被打！」

BEST 看見自己

讚嘆自己多幸運

我常讚嘆自己的幸運，為什麼這麼好運，被這樣的父母生到？我是這樣的好運，感染了腦炎；我是這樣有福氣，一路都有好老師，像接力般地護送我長大，我真是幸運……

幸運來自於我們正向積極思考，永遠都養成臉面向陽光的習慣，當我們面向陽光，黑暗自然在我們腦後；當我們往好處想，任何事情的發生都是有原因的，而且都有益於我們。事情沒有好壞，只有想法不同，為什麼要詛咒自己呢？挫敗來自我們把注意力放在我們不要及失去的部分，成就則是看見我們的努力及得到。要求完美的一百分，是推自己掉進挫敗的泥沼，何不每件事都從零分開始，得幾分就賺到幾分呢？

何不每件事都從零分開始，得幾分就賺到幾分呢？

友誼的代價

曾經被孤立的恐懼，使我對於友誼缺少安全感。

我好後悔，沒勇氣坦白……

有一天，媽媽發現我上課的課本居然忘了帶，急忙走了一個多小時的路，把課本送來學校。當時正好是下課時間，我和同學正在教室後的空地玩，媽媽老遠就聽到大聲的喧譁聲，看到一群小朋友在玩騎馬打仗，但她仔細一看，卻發現我正趴在地上，有兩個同學騎在我背上，一個拿著掃把打我屁股要我跑快點，另一個則用腳踢我。媽媽實在不敢相信自己看到的，這個平日在家裡被她呵護如玻璃玩偶的孩子，竟然被如此欺負！

「阿偉！」媽媽衝了過來，邊叫我，邊推開騎在我背上的小朋友。她把我從地上抱起來，拍去我身上的泥土，發現膝蓋位置不但磨破了褲管，還受了傷，她馬上帶我到洗手台，用手接水擦洗我的傷口，看我痛得哇哇叫，她又是難過，又是生氣，在我還沒搞清楚究竟發生了什麼事之前，媽媽已經把我帶到了老師面前，請老師主持公道。老師看到媽媽氣沖沖地帶著我來找她，先是帶我去保健室敷藥，同時也答應媽媽會處罰欺負我的同學。

等我搽完了藥回教室，就看到一排同學被罰站在前面，玩騎馬打仗的同學都被打手心，騎我及用掃把打我的更是被加倍處分。看著同學被打，我一直想舉手告訴老師，我真的是自願被當馬騎，同學並沒有欺負我，但我看看正在生氣罵人的老師，再看看站在窗口難過的媽媽，我始終沒有勇氣舉手，直到同學被處罰完、媽媽也走了，那一節課我懷著不安的心情直到下課……

變成不存在的人

自從那天之後，同學都很有默契地不和我接觸，我也不知道該如何與同學互動，更不敢主動參與同學的遊戲，只能遠遠地站在一旁看他們玩。我一走近，同學就刻意避開我，就連放學回家

同學並沒有欺負我，但我始終沒有勇氣開口澄清。

時，同學們也會刻意結夥走另一條小路回家，如果我要跟過去，就有同學對我說：

「阿偉，你最好離我們遠一點。如果你不小心跌倒了，你爸媽又要向老師告狀！」

我也不知道該怎麼和他們解釋，只好一個人走大路回家，可能是孤單，也可能是受委屈，眼淚忍不住就一直流了下來。走到了分水崙的小店，接下來就是一段山路，這一段路我從未自己一個人走，雖然是白天，但太安靜了，我幾乎沒有選擇地懷著恐懼的心，急步向前走，即使氣喘吁吁也不敢停，到了分水嶺上我再也忍不住心中的害怕，索性用跑的，一直跑到礦場的集煤場看到工作的大人，才停下來。

好不容易回到家，我早已經全身汗溼、滿臉通紅了。媽媽看到我狼狽不堪的樣子，以為我發生什麼事，就問我是不是同學欺負我？我根本不知道該怎麼把今天我在學校的情形和同學們對我的態度告訴她，我只能保持沉默。媽媽愈看愈不放心，便跑去問鄰居的同學，也是我們班班長阿義，從阿義的口中知道我沒有被同學欺負，她才放下心來，可是，她卻不知道沒被欺負也等於沒有玩伴，在學校、在班上，我根本像是個不存在的人！

持續好幾天，我都想盡各種辦法，利用各種機會要接近同學，幫同學撿球、主動清理狗大便及掃廁所的便池、花錢買冰棒或零食請同學吃，有時還會用橡皮擦、鉛筆、小刀去和同學換一些較沒價值的東西，來向同學表達我的善意，這才稍稍改善了我被孤立的情形。

但我和多數的同學仍保持著某種無法拉近的距離。因為我生病的關係，老師免我升旗、打掃、當值日生及抬營養午餐和點心，同學雖沒有人抗議，但這樣的特別待遇，漸漸地讓我覺得有一種沒有參與大家的危機感，於是我主動要求，希望老師能夠讓我輪值日生、打掃和抬營養午餐。一開始老師也很為難，只答應我先跟著同學一起去，不過，即使只有如此，對我來說已經彷彿是個特赦了，因為這樣我便有機會去參與和接觸同學，減少了我怕被孤立的恐懼感。

為了被接納，什麼都願意做

為了要爭取同學的認同，我還做了很多努力。記得有一次，老師發現有同學違規帶「紙牌」來學校，問了幾次都沒同學承認，我也不知哪來的勇氣，竟然舉手承認紙牌是我的，於是老師不但沒收了紙牌，還用藤條打了我三下手心；當然，紙牌不是我的，我也不是特意要逞英雄，我只是希望藉由「替同學頂罪」這個行為，能得到同學的接納和認同。

還有一次，老師沒收了同學拿來賭博的橡皮圈及彈珠，還把它們全部扔進糞坑裡，糞坑又髒、又臭，同學都不願接近，我便自告奮勇在放學後替這些在班上最有影響力的同學服務。我讀書不行，但解決困難的鬼點子特別多，我拿了根竹竿，前面綁個鐵線做個鉤，隨便撈一撈，一大串橡皮圈就被撈了起來。但打撈彈珠可就難一點了，我用撈水溝的勺子，在糞坑裡來回攪動，撈了很久，才一一撈起來放在水桶裡，之後，我還將橡皮圈和彈珠一一清洗完，才還給同學。

雖然弄得一身髒臭，但心中有種說不出的興奮及喜悅，因為橡皮圈和彈珠在當時可是小孩子心目中的寶貝，由於我的努力及付出，讓他們失而復得，因此，我不僅被接納成為這一群最會玩的成員之一，也得以在下課或放學時，進入他們在後山的「祕密基地」！

所謂的「祕密基地」其實只是軍營旁的一處防空壕，由混凝土建成，四分之三在地下，四分之一在地上，有一處入口、三處射口。同學中的「阿坤」是大家的首領，我看他從射口熟練地鑽進防空壕，然後打開入口的鐵門讓大家進去。裡面有股強烈的霉味，因為光線不足，剛進去什麼也看不見，還覺得有點陰森森的，不過，一會兒之後，適應了黑暗，我發現這祕密基地東西還真多，有軍用的小木箱、偽裝網（被做成吊床）、大大小小的桶子、課桌椅的木板、木條，還有一大堆紙板什麼的。阿坤拿著一根木棍當劍，披著一件舊的雨布，站在木箱上，吆喝同來的七、八個同學安靜，要舉行入會儀式，我就這樣加入了「黑狗幫」（阿坤綽號黑狗），正式改變了我上學的孤單生活。

當然，我非常珍惜被同學接納的機會，所以，經常奉獻零用錢買冰請大家，從家裡偷拿米、地瓜之類的供大家野炊，我也常在放學後被邀去河裡游泳，到回家路旁的果園偷水果。由於爸媽比較寵我，我常把新買的玩具，優先給「黑狗」及其他人玩，好吃的東西會藏在書包，在上學路上孝敬這些同學。我百般地討好這些給我友誼的同學，也因此，我上學的經歷跟著豐富起來！

為了得到友誼，在成長的過程裡，我經常扮演著討好、賄賂的角色，因為我嚐過被冷落、被孤立的不安，在維護友誼的路上，我常帶著恐懼。

看見自己

其實我們都只是演員

從小至今，我們與人之間的互動是非常微妙的，不僅是我們帶著害怕失去、擔心被孤立的心情在維繫人際關係，若我們細心一點，就會發現，多數的人都和我們一樣。

沒有人有意欺負我們或傷害我們，我們自己也常在不同立場的朋友群中選邊站，有意無意地製造對立，釋放出敵意，而我們卻不知內在真正的需求是什麼？我們與人的互動中真正要的又是什麼?

在成長過程中，我們不曾真正了解過自己及他人，但經由生命經驗的累積，我們會愈來愈清楚自己究竟在做什麼。拿什麼劇本，演什麼角色!或許我們可以繼續這樣，無須有太大的改變，但我們一定要明白，自己是在表演。許多的角色，我們都只是個演員，在人生的舞台上演出。

因為看見自己是在表演，我們才有機會對照出期待真實面對的真我。

看見真實!我們將會厭倦不真的表演!

腦震盪的豬

爸爸對二姊說：「如果妳弟弟是豬，他也會是最聰明的豬！」

老師說：「你簡直比豬還笨，是隻腦震盪的豬！」

加入「黑狗幫」以後，每天我最期待的就是下課。除了祕密基地以外，「黑狗幫」的另一個基地是操場的一個角落，那裡堆放著拆舊屋所留下的材料。很早我就發現下課後會有一群同學往那個方向聚集，在木料堆裡鑽上鑽下，但一直沒有機會知道那裡面究竟藏了些什麼祕密，不過我現在已經是「黑狗幫」的成員了，當然可以進入這個「祕密基地」囉！於是我帶著崇敬的心，爬上由大梁堆集，上覆各式木板鐵皮、雨布的雜物堆，進去之後才發現，這裡因為堆放時，中間有大梁頂著，巧妙地空出了一個可以躲進三、四個人的空間；人如果在裡面，從木料的間隙裡剛好可以看到外面，外面卻不易察覺裡面有躲人，躲進去之後，將上面的鐵皮和雨布一遮，同學自由想像是戰艦、航空母艦、飛行船、坦克車，各自製造出不同的音響，加上大梁會晃動，更具有想像效果。

有一節下課，大夥都沒來祕密基地，我爬上爬下，特別去坐在「黑狗」平常坐的指揮台，學他們又發炮、又打機槍，一個人陶醉其中，也因此我始終沒有警覺，為什麼都沒有同學到操場來玩呢？直到上課鐘響，我才獨自一人穿越操場回到教室，不過，一到教室才發現裡面空盪盪的，老師、同學全不見了！我慌張地沿著山坡而建的教室，逐一地找，沒有一間教室有人。我開始害怕起來，人都去哪裡了呢？人會不會都被怪獸或外星人抓走了呢？

就在我急得快要哭出來的時候，隔壁班的老師發現了我，並大聲地喊我過去，責問我為什麼不參加學校的活動。我根本不知道老師說的活動是什麼，我用無辜的眼神看著這位老師，只見老師不停地叫我：「快去啊！」、「快去啊！」但我始終還是不知道要去哪裡，只好呆呆地站在原地，看著老師。不料老師竟然生氣了，他氣急敗壞地說：

「盧蘇偉你是豬啊？聽不懂人話嗎？」

一聽到豬，也不知道怎麼的，我腦海裡浮現了玩豬、騎豬的畫面，便回答老師：「豬很好玩啊！」

這下子老師更氣了，他幾乎是用吼的大罵我：

「好玩個頭啦！你們老師說你笨我原本還不相信，你簡直比豬還笨，是隻腦震盪的豬！」

我有點被這位老師嚇到了，怯生生地不敢吭一句話，心裡又急又難過，我一急就尿褲子，忍不住就哭了起來，邊哭還邊哽咽地說：「豬我知道，但不知老師說的那種豬是黑豬？還是白豬？」

沒想到老師竟然笑了出來，也不再氣了，反而還拉著我的手，帶我去換褲子，換好了褲子，又帶我到校外山坡的營地去看女兵表演，原來，這才是同學和老師不見的原因。不過，之後還發生了什麼事，我全不記得了，我只是一直擔心著我換下來的褲子不見了，回去要怎麼向媽媽解釋。

同學說：「他叫盧蘇偉，他是白癡！」

中午每個人發了一個饅頭夾蛋的午餐和阿兵哥煮的大豆芽湯，挺新鮮好吃的。下午觀賞圖片，又看電影，最後有獎徵答，我看大家舉手也跟著舉手，那位穿軍服的女兵叫我，我根本就不知她問什麼，只記得她一直給我機會回答「幾」民主義，她還用手比了個三，同學都大聲地說是「三」民主義，不過，我還是不知道該回答什麼。

有同學就向她解釋：「他是白癡！」

還有同學補充：「他叫盧蘇偉，是生病之後才變白癡的！」

大家擠在禮堂裡嘈雜得讓我有些難受，我實在不管什麼「癡」不「癡」的，我只在乎老師手中那個包著紅紙的盒子，為什麼不給我，而給了其他人！

活動結束後，我們離開營區回到學校，有同學跑來找我，說我姊姊在找我。二姊已經讀初中了，怎麼會來找我？我看她眼眶紅紅的，聲音也有些沙啞，我也不知道是發生了什麼事，後來才知道她月考讀半天，放學回來看我還未下課，特別來接我下課一起回家，遇到以前教過她的老師，老師把早上我尿褲子的事講了一次，老師一邊講，二姊忍不住眼淚就流了下來。

從二姊讀初中以後，已經好久沒和二姊一起回家，二姊每次回到家幾乎都是天黑以後了。今天很難得又有機會跟二姊回家，原本以為會很有趣，但二姊沿路一句話都沒有說，也不知道她在想什麼，只看到她一邊走，一邊流著眼淚，我問她，她卻什麼也不肯說。

爸爸說：「阿偉很聰明，而且愈來愈聰明！」

回到家，二姊看見爸爸，就把今天學校老師講的事，轉述給爸爸聽，沒想到爸爸竟一點都沒生氣，還安慰二姊不要難過。

「如果妳弟弟是豬，他也會是最聰明的豬！」

二姊又把老師罵我是「腦震盪的豬」的事也告訴爸爸，沒想到爸爸仍是哈哈大笑，拍著二姊說：「別擔心啦！別人腦震盪愈震愈笨，妳弟弟會愈震愈聰明！」

由於爸爸開朗的笑聲，二姊放下了心中的擔心和不捨，綻放了難得的笑容。站在一旁的我，其實並不清楚他們究竟在說些什麼，但卻清晰地記著爸爸說的話——

「阿偉很聰明，而且愈來愈聰明！」

成長的歷程裡，每當我遇到學習上的困難，爸爸的聲音就會在我耳際響起——

「阿偉很聰明！而且愈來愈聰明！」

我父親在我將近四十歲時，心臟病發辭世了，在冬雨夜裡，我守著父靈，爸爸開朗的笑聲一次又一次地響在我耳際——

「阿偉很聰明！而且愈來愈聰明！」

我始終不明白一件事，是爸爸有過人的智慧洞悉我內在不為人知的潛能嗎？還是因為爸爸的預告，把我由白癡一步一步推向聰明之路呢？不管我成績多爛、別人如何輕視我，我從未懷疑過我爸爸所講的——

「阿偉很聰明！而且愈來愈聰明！」

BEST

看見自己

相信你自己

我到了三十五歲讀了《拿破崙．希爾的成功之鑰》，其中有一段話講到：「只要你相信，你就能夠！」一個白癡因為相信自己是聰明的，而愈來愈聰明，這是許多人不會相信的事。但是，我至今仍堅信不移！

「你相信你是什麼，你就是什麼！」

我一直相信我是世界上最聰明、最有智慧的人，你相信你是什麼呢？為什麼不敢或不肯相信自己的才能及智慧呢？即使有太多我學不會、弄不懂的技能及學科，但無損我的確信，而且成長的過程中也一再地證明——

「因為我相信，所以我能夠！」

至目前為止，我尚未有任何一張支票未兌現！

相信你自己！你的相信會是你生命的明燈，永遠照亮你的路！

永遠積極、正向地相信自己！

Part 2 孤鳥慢飛

大姊考上師大了

教育，究竟要把孩子帶去哪裡？

放棄夢想，一切為了我……

大姊在我們弟妹的心目中，一直是帶著期待和驚喜的。大姊小四即離家依姨父、姨母讀書，我生病時，大姊就讀北二女中（中山女高）三年級，一向外向活潑的大姊一心一意希望能考取當時最熱門的科系外文系，將來有機會做女外交官，但是，她每次回家看到爸媽為我擔心的樣子，她放棄了她的志願。她覺得爸媽這麼愛我，為了要讓爸媽安心，也為了要報答爸媽讓她能夠專心求學的恩情，更是怕未來沒人教或沒人照顧我，在聯考前選填志願時，她一個外文系都沒填，而是從師範大學教育系，填到最後一個系。大姊允諾爸媽，也允諾我，將會照顧我一輩子。而事實上，大姊最後還真如她對父母的承諾一般，一路都陪著我成長，直到現在！

大姊是家中長女，出生至童年階段正是爸爸事業騰達的時候，所以，六個孩子中，爸爸對大姊有一種特別的情感，不叫大姊美貴，都稱大姊「梅」。至於大哥，因繼祖父因素，大哥和外祖母及爸媽的緣結得不深。而我，雖然因為一場病把頭腦燒壞了，但爸媽仍偏愛我。家裡的重心，嚴格說起來，就放在我和大姊的身上，所以，大姊在等放榜的這些日子，大家為了不給大姊壓力，都不敢多問，但在閒談間，媽媽還是偶爾會忍不住透露出內心的期待——

「如果美貴能考上師大，做老師，阿偉讀初中正好接上，大姊教小弟，一定比別人用心！」

「好是好。美貴為了弟弟，已經放棄了外文系，若把阿偉教育的重擔交給美貴，會不會太沉重了？當然希望美貴考上師大，但考上了，她就注定要背負弟弟的教育重責。若她沒當老師，也許就不用那麼辛苦。都是自己的孩子，做父母的是很為難的。」爸爸雖然也有相同的期待，但對大姊放棄自己的志願也有幾分不捨，內心充滿了矛盾。

媽媽聽爸爸這麼說，忍不住拍了拍爸爸的肩膀：

「萬仔，我們兩個在煩惱什麼？等放榜結果出來再說吧！」

考上了！考上了！

放榜的那天，印象裡是個颱風來襲的風雨夜，一家人守在收音機前，屏氣凝神地仔細聽著廣播播報考上的考生名單。在播報到台大外文系時，大姊幾個原本說好未來要一起做女外交官的同學如願地考上了，聽在根本沒填外文系志願的大姊耳朵裡，自然有種無法言喻的遺憾，但此刻她也只是暗暗地長嘆了一口氣，然而大家都只關心有沒有聽到大姊的名字，根本沒人聽到大姊的輕嘆聲。

政大的科系播完了，開始播師大，第一個播放的就是教育系，一開始才沒報幾個名字，果然就聽到了大姊「盧美貴」的名字，全家大叫歡呼，興奮地流著淚抱在一起——

「美貴考上師大！考上了！」

「阿偉有希望啊！」

爸媽的高興，是高興大姊考上了師大，將有人可以帶我讀初中。從大姊考上師大，爸媽看到了我的希望！

被制度犧牲的孩子

大姊讀的是教育系，她幾次回來都發現我語文能力欠佳，所以在大學特別選修了語文教育課程及特殊教育課程。大姊希望以她所學，能夠把這個白癡的弟弟，變成一個正常的孩子，然而殊不知，這樣的期待及努力，讓她在未來陪我成長的歷程裡，受盡了挫折。後來我回頭檢視自己的成長歷程，爸媽和大姊的努力都是有意義及價值的，只是在正規的教育體制裡，確實有些困難。

我的記憶功能不足，即學即忘，辨識文字及符號、定理、定律、規則，也因此而受影響，而我們教育制度用一種教材、教法，要每一個學生跟著學習進度循階而上，跟得上的成為被肯定的好學生，跟不上的就要被整個制度犧牲。大姊也因陪我成長的歷程裡，屢屢從挫敗中，企圖找到合理的解釋及答案，而深入研究「開放教育」、「多元智

●一路陪伴盧蘇偉學習、成長的媽媽和大姊。

對人愈了解，我們愈發現每個人的天賦及潛能是如此獨特與不同。

慧」、「情意教育」。她常開玩笑說，特殊教育家，大部分都因有一個特別的小孩而有成就，若未來她在教育上有些成就，都要感謝上天送給她一個和別人不一樣的弟弟！

教育真的能改變什麼嗎？教育究竟要把孩子帶去哪裡？大部分教育家都有共通的看法，希望能透過教育激發孩子的個別潛能及天賦，引導孩子做最大的發展。當我們對人愈了解，我們可能會發現每個人的天賦及潛能是如此獨特與不同，幸運的人，一生當中有部分的能力被發現及利用，但大部分人終其一生都不知自己的優勢能力在哪裡，所應用的不過是基本的生活能力及工作技能而已。由於我的特殊，讓大姊備受辛苦，走這一段教育生涯。

大姊上大學之後，時間比較多了，以前只有寒暑假回來，現在每隔一段時間，她就回家來探望爸媽，並給每一個家人準備一份小禮物。

大姊帶回來的禮物中，我印象最深刻的是兩本《王子》漫畫雜誌，這是小時候我唯一擁有的漫畫書。由於我的記憶能力欠佳，看過即忘，因此一有空就抱著這兩本漫畫書聚精會神地看，每次都覺得新鮮有趣，百看不厭。雖然我識字不多，但漫畫是以圖畫代替文字，所以我看起來毫不費力。

只要有決心，一定能做到！

大姊考上師大，在山上可是件大事，不只是爸媽以大姊為榮，連左右鄰居也都會因大姊要回來，而送我們一些自己種的農產品或是糕餅點心，甚至有些鄰居會帶著孩子在門口偷偷看一下大姊，並告誡他的孩子要努力讀書，以後考上師大做老師。我可能也因為這樣的氣氛，有天突發奇想地對爸爸說：「爸，我長大也要讀師大，要做老師！」

爸爸深深吸了一口菸，沉思了一會，吐出了一大口菸，摸著我的頭，堅定地說：

「只要你有決心，你一定可以做到！」

全家沒有人接腔，每個人似乎都進入了各自內在的對話——

「阿偉若能平安長大就夠了。」這可能是媽媽想的。

「阿偉，你要的，大姊一定幫你。」

「若有決心就可以，我也想讀師大，跟大姊一樣。」這可能是二姊心裡想的吧！

如果今天的我，遇到一個大字不識幾個的小孩，告訴我他要上某某大學，我也會以父親告訴我的堅定語氣，肯定地告訴他：

「只要你有決心，沒有你做不到的！」

雖然，生命的旅程中，和師大錯身而過，但我至少也做了像老師般的工作。

不要有遺憾

每個人成長的過程，都會經歷做「懂事」的小孩或「不懂事」的小孩的選擇，大部分人都會選擇做一個讓父母親喜歡的「懂事」小孩，為家庭或父母分憂解勞。就我的大姊而言，她放棄了成為傑出女外交官的夢想來幫助弟弟，但一生當中，我們總有想做而未能做，想得到而未得到的遺憾，其實，我的大姊若順利考上外文系，也順利成為女外交官，一定比現在的她更好嗎？

這不是比較的問題，因為我們無論如何都只有一種選擇，不管我們選擇什麼，都珍愛這份選擇。未能完成的不是遺憾，而是浪漫的憧憬。沒有實現的夢想，永遠是最美好的……

如果……能夠……或許……這些美麗的夢想，用決心讓它們成真吧！

結果可能異於我們原先期待，但因努力，任何的結果都是甜美的！

不要有遺憾！不管你現在的處境，只要開始播種耕耘，你要的，和你得到的通常相差不遠！加油！

成功的經驗

我一直期待自己有什麼好表現，或被信任、重用的機會。

那張唯一的獎狀

在學校的課堂裡，大部分的課，我的注意力都是四處飄散，只有兩種課會讓我想認真地聽，一是自然科的野外觀察或實驗，另一個是美勞課。

自然課在講什麼，我是不易理解的，但老師說要養蠶、養魚、抓昆蟲觀察，我就會精神大振，把它當成大事，爸媽、二姊都很能幫我的忙。當然，我不是那種很有責任心的小孩，幾天熱潮過後，大部分都是媽媽在養。有時要做物理實驗，我幾乎都會忘了那是要做什麼，而很認真地玩那些橡皮圈、天平、滑輪，而且都刻意要跟別人不一樣，雖然有很多不是老師預期的，但有時也會意外地得到掌聲。

還記得有一次上課，上什麼課我已經記不得了，只記得老師叫每個同學都要準備氣球黏在一條縫衣線上，吹飽了氣，讓氣球沿著線從這一頭跑到另一頭，分組比賽，比最快和最遠。我們這一組分別拿到第一和第二名，每個人都得到鉛筆和圖畫紙作為獎勵。我記得得獎的鉛筆我一直捨不得用，因為它是我國小階段唯一的獎品，我一直都把它收藏在鉛筆盒裡。圖畫紙我本來也捨不得用，但是因為放了一段時間以後，舊了，媽媽就隨手拿給大妹畫圖，為此我還曾大發脾氣，媽媽要二姊買新的還我，我還氣得把新圖畫紙撕掉，弄得大家為此而不高興。可是他們不知道，那對我來說不是普通圖畫紙，而是一張沒印字的獎狀，唯一的！

全家人的心血泡了水

我最喜歡美勞課，當時物質缺乏，材料都是家庭裡的廢布、鈕釦或自己去竹林找竹筒。每次我上勞作，對家裡來說都是件大事，尤其是外祖母，更是四處替我張羅所有的東西，我要一塊布，她可以犧牲她還在穿的衣服剪一塊給我；找不到合意的鈕釦，她可以剪下自己衣服上的釦子給我；我勞作要做一輛會動的車子，她竟央求礦場的技師，用水泥做一輛可以牽著跑的車子給我。當然，外祖母會的童玩很多，用芒草做各式動物、用竹片編籃子、做竹子槍打龍眼子、用筷子做打橡皮圈的槍，她幾乎什麼都會，當時很流行用塑膠繩編成毛毛的圍巾，只要同學有，她就會要媽媽也做給我。總之，每次勞作課，或許老師期待的只是一件簡單的東西，但只要在我家就會變成大事，做出很多複雜的作品。

有一次為了配合三民村運動會，老師要大家用各種不同材料設計獎杯，又造成我們家的大地震。我的想法是要做一個跟真的獎杯一樣大的勞作，外祖母和媽媽考慮到不能太重否則我拿不動，反覆用了廢空罐、紙筒、鐵線、竹筒，都不是很合我意，最後外祖母收集了爸爸菸盒裡的錫箔紙，做成一個個高腳杯，然後用竹片做支架一個個疊起來黏在一起、亮晶晶的像極了真正的獎杯。大夥為了這個獎杯都忙到將近半夜，看作品完成了，我才安心地去睡覺。

一早醒來，看到我的獎杯多了一個塑膠套，外祖母怕雨天風大會吹壞這個「做」來不易的獎杯。因為要收集錫箔紙，外祖母要爸爸把未開的幾包香菸倒在鐵盒裡，把錫箔紙拆給我，爸爸是個老菸槍，明知道這樣做香菸會變味不好抽，可是外祖母的央求，爸爸雖不情願卻不敢違逆，所以，早上爸爸還破例地也參與運送獎杯的計畫，運用了他在礦場的職務便利，特別拜託載煤卡車送我一程，免得這辛苦做成的獎杯泡湯了（下雨天！）。一切都很順利，我捧著這巨大的作品，小心翼翼地緩緩送這個獎杯要到教室，走在操場邊的人行步道，有兩、三個高年級的學長因未帶雨具用衝的要到教室，就從後面狠狠地衝撞我一下，我雖沒有跌倒，但手裡的獎杯已經全糊掉了！我在雨裡看著這幾個學長的背影，再看看這全家一夜辛苦的作品，忍不住就站在原地大哭起來，冰冷的雨水飛飄在臉上，淚流滾燙的滋味，至今仍依稀記憶著。

跌了一跤變英雄

還有一件雖然是很烏龍，但卻令我印象深刻的事，話說三民國小後面有條溪流到國小時轉了個彎，留下一處深潭。有一次下課，我們原本要到操場的祕密基地玩，卻聽見有人大喊有人掉到河裡，大夥立刻跑到河邊看個究竟。一到河邊，就看著一個小女孩在河裡載浮載沉的，她一邊大哭著，一邊努力地想爬起來，雖然水不是很深，但對一個小孩子來說，想爬起來還是很難的。「黑狗」一看，立刻衝到河裡，我也跟著往前跑，不知是自己跌倒，還是被後面的同學擠的，我一頭栽到了溪裡，同學七腳八手地把我撈起來，全身都溼透了。我抹抹臉上的水，遠遠看著「黑狗」及兩位會游泳的同學，跳入水潭合力拉起已經被沖到深潭的小女孩，小女孩的媽媽原本在上游洗衣服，等她趕到時，女孩已經被救起來了，她一再地向「黑狗」鞠躬表示謝意，岸上圍觀的師生，也都鼓掌為黑狗喝采。

事件落幕了，我和其他四個同學的全身也溼透了，老師要我們借用校隊的運動服，把溼衣服曬在操場草地上。因為事發當時老師並沒在場，自然不知道我也是被救的人，還要我和其他三位同學在降旗時，上台接受表揚，校長送給每一個人三本筆記本，還多次稱讚我們救人的英勇行為。台下的同學吱吱喳喳的，似乎都議論著一直不敢抬頭看大家的我，既沒勇氣退還我手中的獎品，也不知道該怎麼辦，只能雙手緊握著那三本筆記本，低著頭隨「黑狗」走回班上的位置。事後知情的同學就消遣我：

「阿偉，你真好運，跌一跤就變成英雄。好羨慕哦……」

當時我的心裡真是百味雜陳，對這次從未有過的上台領獎的經驗，有一點興奮，但自己卻非真的有這份榮耀，又有一些心虛及慚愧，看著手中三本深藍色的筆記本，我只好低頭不語。降完旗放學了，「黑狗」沾沾自喜地拿著屬於他的榮耀的獎品，我則趁大家不注意時趕快把筆記本藏進書包，一路上，同路回家的同學聽著「黑狗」英勇救小女孩的驚險歷程，這樣的事蹟，對「黑狗」而言，應該會是生命中可炫耀的成功經驗。

相對於「黑狗」的光榮，一路上的我卻只能保持沉默。由於我也有上台領獎接受表揚，所以如

對這次從未有過的上台領獎經驗，我有一點興奮，又有一些心虛。

果我稱讚「黑狗」來附和大家，就顯得有些怪怪的，但我也不能自爆被推下水的內幕，因此，我除了只能勉強隨大家擠出一點笑容外，一句話也不敢多說。這種感覺真像被推落水的滋味，身體熱熱的而衣服是冰冷的，外寒內熱，還真是特別的滋味！

老師真的沒發現嗎？

在小學，因成績欠佳、反應慢、運動神經又不好，最多的經驗是被憐愛，可是我不喜歡這種待遇，我一直期待自己有什麼好表現或被信任、重用的機會，可是一直沒有，唯一的一次機會也被我弄得至今仍惶惶不安。

在三民國小因地處偏僻，有部分老師住在學校宿舍，晨間打掃老師宿舍，是班長及老師信任的同學才有這份榮耀。有一天，有一位同學請假，老師也不知有何用意，指派了我參與打掃老師單身宿舍的工作，我實在有種說不出的興奮，初進老師宿舍所聞到的那種特別的味道，至今仍可追憶得到。我怯生生地跟著班長及其他老鳥掃地、擦玻璃、抹桌子，同學有人好奇翻老師桌上的考卷及作業，看看自己考幾分，作業老師改甲上，還是甲，大家並七嘴八舌地談論老師桌上的男友照片。因為單身宿舍沒什麼好整理的，但離上課還有一段期間，大家就坐在單人床上或老師的藤椅上聊天，聊著、聊著，有人注意到老師桌上放了一杯剛泡不久的牛奶，在當時牛奶是珍貴的補品，我因生病的關係，所以常喝，但對這些同學來講，有人可能連牛奶都沒嚐過，有人就好奇地湊在那杯牛奶邊深吸一口氣，「好香哦！能喝一口不知有多好？」

「喝啊！喝一口老師不會發現的。」有人提議。

「對了！喝一口再加一點水，白白的老師也看不出來。」

我不敢吭聲，老師給我如此的榮寵來打掃宿舍，一輩子可能就這麼一次，我哪敢亂來。

可能牛奶的香氣太誘人了，有人真的把牛奶拿到嘴邊淺淺地喝了一口！

「嗯！好香哦！」

這位同學把牛奶傳給了下一位，他也嚐了一小口，再傳給班長，班長猶豫了一下，喝的兩位看他不喝，就用言語嘲諷他，他也拿起來喝了一小口，然後閉上了眼睛，雖然他沒說話，但他的表情似乎說明了他的感受。

終於傳到我了，其實我並不是很稀罕喝牛奶，但在三對眼睛狠狠地注視下，我不敢不從地拿起來就喝了一口，沒想到三個同學大聲斥責：

「盧蘇偉，你要死了！喝那麼大口，老師會發現的！」

我也被嚇到了。在教室裡，如果同學坐老師椅子，會被重打五大板，那如果被發現喝了老師的

上小學時，最多的經驗是被憐愛，可是我不喜歡這種待遇。

牛奶……我嚇得真想把喝下去的牛奶再吐出來！這時，三個同學中，第一個喝的同學機靈地從桌下提出一只水壺，在牛奶中加了一些水，原本只剩下三分之二的牛奶又滿了起來，於是，他把牛奶放回桌上，突然，紗門「啪」的一聲開了，老師的聲音傳了進來——

「打掃好了嗎？」

「打掃好了！」大家在回答老師時，眼睛都忍不住瞄一下桌上的牛奶，還好老師並沒有注意到我們的表情，只是自顧自地打開抽屜找東西，並順勢就端起牛奶喝了一口！老師似乎察覺變淡的牛奶，用眼睛看我們每一個人一眼，再看看她手上的牛奶，我們四個人硬著頭皮等著挨罵，沒想到老師停了一下，就把手上那杯牛奶咕嚕咕嚕地喝下去了！

「回教室，準備上課。」

四個人離開老師宿舍，關上紗門，都忍不住嘆了一口氣：「好險！」

我們嚇得不敢交談，拿著打掃工具，一路上快步穿越操場趕快回到教室，都沒人敢提這件驚險的經驗。事隔三十餘年，老師喝牛奶，睜大眼睛看我們那剎那帶給我的驚恐，至今依舊鮮明！

是你讓世界有了意義

生命歷程對大多數人而言，都是平凡的觀眾，偶有機會領張獎狀，或有什麼成功的經驗，都是一生難以抹去的驕傲，只有少數扮演著傑出的領獎演員，一而再地受到表揚，不管我們曾否輝煌過，都只是生命的一個不同的景點而已。

有人一再回顧光榮的過去，也有人展望未來，但為什麼不仔細欣賞一下現在的自己？也許沒有顯赫的職位和頭銜，也不是什麼重要的人物，但這一切都無關緊要，因為你現今的存在，世界才有了意義！如果你不存在了，世界仍會繼續運轉，但對你又有什麼意義呢？因為存在、因為此時此刻，世界才有意義，何必太在乎它創造出什麼經驗呢？它都將成過去的片刻，珍惜此際仍在呼吸、依然存在的片刻吧！

難兄難弟

只要有伴，就是彼此最重要的支持。

那些「埋了尚未死的人」

在國小升四年級時的一個颱風天，爸爸任職礦長的「越國煤礦」發生了意外災變。因採煤是以台車計算工資，三個大人、兩個孩子為了幫家裡多賺一點錢，才會不顧封礦的指令趁颱風下坑，但不幸遇上礦坑上的河水倒灌，整個礦坑倒塌積水，五個人就被活埋在礦坑裡。爸爸冒著大風雨親自入坑指揮救災，一連好幾個星期，礦場都陷入了一片慌亂及愁雲慘霧，尤其是這三個家庭，五條人命，兩個孩子中的一個還是二姊初二的同學。

礦場二十四小時不停地搶救，這段期間，爸爸除了偶爾回家換套乾淨的衣服外，幾乎都坐鎮在事務所裡，並接受警方的調查。由於人埋在坑裡生死不明，除救災人員獲准進入礦區，其餘家屬都只能焦慮地在封鎖線外等候消息，小孩子只能在大人中間聽些小道消息，各種傳聞不斷，大家都惶惶不安。在礦場工作的上百個家庭，不但擔心坑裡的人的生死，也擔心礦場可能因這場意外而關閉，夜裡散落四處的狗接續長聲哀號，嚇得一家人都只能聚在一起彼此安慰。

自幼在礦場長大，礦工都稱自己是「埋了尚未死的人」。我未曾入過礦坑，聽大人的描述，在窄小的坑道中逐煤層不斷深入地底，有的長達數百公尺，甚至數公里深，為了全家大小的生計，必須忍受稀薄及污濁的空氣和礦坑坍塌的危險，所以，每個孩子從小最害怕的經驗，就是看到集煤空地上搭起帳棚。孩子放學回家遠遠看到棚子，都會停止嬉鬧快跑衝回家裡，看自己家人是否平安。

一隻手，換一條命

礦場除了這次最大的災難外，還多次發生瓦斯中毒事件及落盤事件，因為爸爸從基層工頭、工程師一直到擔任礦長，每次意外，爸爸都是第一個衝下坑救人的人，毫無例外。所幸，爸爸在多次災難中都逃過劫難，所受都是皮肉之傷。爸爸多次為了救瓦斯中毒的工人，怕他們因痙攣咬到自己舌頭，都直接把手掌伸進他們嘴裡，讓他們咬著，爸爸的手掌骨頭因此斷裂變形，媽媽看了不忍心，爸爸卻堅定地說：

「一隻手換一條命，只要人還有命，手斷掉算什麼？」

爸爸因受日本教育影響，一向先公後私，先人後己，颱風天家裡的屋頂掀了，土石流把整個家沖到山谷裡，爸爸都不曾在家。這次媽媽最擔心的就是爸爸盡忠職守，拚命以赴的態度，一家人都是神經緊繃。媽媽逢人從我家經過，都會問：「你有看到我家阿萬嗎？」

對方若回答有看到，媽媽就安心一下；若對方說沒看到，媽媽就會神經緊張，要大哥快去礦坑事務所看看！

變故之後的成長

救災工作經過了半個月，宣布放棄，由於礦坑因河水倒灌而流失，已無利用價值，礦主宣布破產，整個煤礦因而被銀行查封，所有員工全部遣散。依礦場維生的家庭一戶一戶遷移，同學也一個個轉學，每個家庭都陷入了極度的不安。爸爸因為是礦長，意外發生負有刑責，爸爸一邊接受調查，一邊四處找工作。由於爸爸在礦冶工作的專業及經驗，海山煤礦及煤山煤礦，多次派人遊說爸爸再去礦場工作，但媽媽經歷了如此重大的災變，無論如何都不肯讓爸爸再做煤礦事，然而除了煤礦，爸爸十幾年不曾做過別的事，如今要他中年轉業談何容易？

所幸，幾經波折，爸爸應徵上了中日合營的木業樂器公司，全家便由三民山上搬到了大溪鎮。剛到大溪鎮的我們，因爸爸好幾個月的工資都沒有領到就被遣散，家裡幾近山窮水盡，想租間房子，卻沒有人敢租給我們，因為怕收不到租金，甚至還有屋主帶我們去看廢棄的豬舍！種種的屈辱，讓爸爸好幾次想再重回礦場工作，但在媽媽的堅持下，我們一家人好不容易才在爸爸的工廠附近，找到了一處老舊四合院的一間偏房，屋子雖小，但尚足全家遮風避雨，家庭在數月的動盪中，總算又回復安定。

我也因此轉入了大溪國小。對我而言，必須重新適應新的生活，而老師、同學都是陌生的，我又再度成為教室裡的客人。雖因媽媽用心教導，已認識一點字，但並不足以跟上同學的進度，不過在大溪國小的成績已能破零，在個位數及十位數之間徘徊。爸爸全力以赴地適應新工作，媽媽為了生計，加入了附近的電子工廠，二姊要忙著升高中，而外祖母也在礦災前去世了，我不僅要照顧自己，還要照顧兩個妹妹，生活自理能力突然增強了，我學會生火，以及用大灶煮菜、燒水。

至少還贏一個人

期末成績單發下來，當然沒什麼期待，也沒什麼意外，五十四個同學，我第五十三名，成績單上蓋滿了「丁」，有一科老師還用手寫的「戊」，只有美勞、體育是「丙」。我一知半解地問爸爸「戊」是什麼意思，爸爸只輕輕地回答「戊」是有進步。二姊看到我的成績，竟然大叫：「你倒數第二名！」

爸爸怕二姊又說一些傷我心的話，趕快用眼神示意她別再多說。

「阿偉，五十三名我們差歸差，但至少還贏一個人，不是嗎？」

「還贏一個人！」

爸爸的話給了我很大的激勵，開學之後，就特別去認識這位同學「阿枝」，四年級下學期，我們幾乎形影不離。有一天阿枝的位置空著，我還特地利用下課跑去他家找他，鼓勵他一定要來上課。為了怕阿枝不來上課，我除了早上繞道去他家等他，午餐零用錢一起花用，有好東西一定會第一個想到他，可說是極盡討好他，就怕他不來上課，我會沒有玩伴、朋友，更怕因為沒有他，要成為最後一名。

阿枝不但成績差，反應及衛生習慣都不是很好，衣服經常都髒髒的，我也因鼻子長期過敏而流黃鼻涕，袖口常沾著鼻涕，兩個人像對難兄難弟。我們也不懂別人的想法，反正上課我常發呆、他常睡覺，下課我們兩個就玩自己的，別人喜不喜歡我們，我們似乎也不太在乎，老師只有檢查作業時才會注意到我們，因為我們幾乎很少把作業完成。打屁股、打手心、打小腿，甚至罰跪、罰頂椅子、頂水桶，兩個人還一起頂過大桌子，我們好像也都習以為常。在這段期間，我常想，如果這個班上沒有阿枝，我真不知道上學會是什麼樣子，反正就算有事，只要有伴，好像彼此就可以得到支持。

BEST 看見自己

挫折，讓生命更豐富

生命中有太多的不可確定，唯一能夠明確的就是——生命是不明確的。「無常」、「意外」、「災難」，誰都不願遭遇，但很少人能完全避過，如果用生命的長遠旅程來看，所有一切的事件，不過是讓生命更豐富而已，悲、歡、離、合都是短暫的影像，它都將成為生命的片段。若我們帶著恐懼，企圖逃避，除事件的辛苦外，還會加上心靈的折磨。

生命裡，若能不求平安、不求健康、不求不勞而獲、不求幸運，生命將少掉許多辛苦。「不求」並不是消極，而是看清生命的歷程，有形的物質、成就可以努力求得，心靈的寧靜、喜樂是求不得的！

在生命裡，我們何時能夠感受到生命的遭遇、占有都是恩典；我們何時能夠覺得滿足——「夠了！」不再求什麼，生命便會在此刻開出花朵。生命裡如果多些「還好」、「最少」、「最差」，多些「比較」——能和失去多的、得到少的人比，生命就會多一些富足！

好朋友阿成

認識阿成後，我沒再逃課，閱讀能力也進步了！

逃課的開始

四年級和阿枝在一起的快樂日子很快就過去了，五年級重新編班，我編在戊班，阿枝被編到乙班。由於少了阿枝，我大部分時間都是孤單的，沒繳作業的通常都只有我一個。為了逃避被處罰，我編各種謊言習以為常，譬如作業簿不見了、忘了帶、被狗咬破了、被妹妹弄溼了，反正就是沒寫，老師也心知肚明，不管我講什麼理由，都很難逃過被打手心、打屁股、罰站、罰跪，但也很奇怪，我卻沒從被打中學到教訓，把功課做完。上五年級我比較會玩，彈珠、紙牌、橡皮圈常塞滿書包，在學校若被留下來做功課，字也很少完整一個字、一個字寫，都是先很快寫一邊的部首，一行全部寫完了，再寫另一邊；注音都先完成上面，再寫下面，所以一直到五年級，我所識的字都還很有限，作業最多是丙，偶會乙下，印象中只有一次甲下。

爸媽仍為著生計而忙碌，很少有時間注意到我的課業，加上二姊考上高中住校，家裡平常就只有我和兩個妹妹。大妹上小學一年級，她靈巧聰明，有一天二姊假日回家，才驚訝地發現大妹會讀的童話書，我竟結結巴巴地唸不出來。為了面子，我都假裝我會，可是二姊逐字考我，發現大妹幾乎識得所有的字，我只認識不到三分之一，寫出來的字也歪歪斜斜，都不是按筆劃順序來。於是二姊把她發現的情形告訴媽媽，媽媽也才警覺到，這一年來為了生活，而疏忽了對我的教育，從那時起她加班少了，想盡量早一點回家陪我做功課，然而她也有一段時間未再學識字了，面對五年級的課本裡密密麻麻的字，她根本也無從教起。

由於媽媽開始關心我的功課，我漸漸有了壓力。媽媽每天都會翻閱我的書本，我根本就不知老師上到哪裡？作業究竟要寫什麼？當時尚未有家庭聯絡簿，電話也不普遍，媽媽也無從查證我是否真的在學校寫完作業了，有幾次老師逼要作業，一日累積一日，根本無法再圓謊，最後都是被痛打一頓，而這樣的情形，幾乎每幾天就會重來一次。

有一天和妹妹一起上學，快到校門我藉口有事，就從巷子躲開，跑到大廟閒逛。有了第一次逃課經驗，我就經常逃課，有時會躲在土地公廟、溪邊。我實在不喜歡逃學，因為到處都靜悄悄的。早上的時間最長了，有時耐不住寂寞沿著校園邊的巷子，站在圍牆旁，聽著老師和同學的上課聲音以排遣逃課的無聊與不安，偶會被鄰居或別班老師撞見，我都佯裝生病了。一星期有時逃兩、三天課，到校老師若問原因，就謊稱生病看醫生，有時感冒、拉肚子，要不就頭痛、胃痛，老師也懶得追究，因為他們也知道我到校就是發呆，下課常和同學有糾紛，教室裡少了我，就少了麻煩！我通常會等到下午大家都下課了，再把藏著的書包取出來，假裝上了一天的課回到家，爸媽始終未發現我逃過課。

差點燒了整間教室

當時的老師為了補習方便，便把有補第八節課的戊班和己班合併，爸媽總希望我多學一點，也讓我補習，所以，我就被編在己班。班上的座位是按成績高低，由中間排到兩邊，我幾乎沒有例外，被編在最差的那一排，老師上課時只會注意到中間排成績好同學的反應，幾乎很少把眼光掃到兩旁，除非我們發出了聲響，做出了妨礙老師上課的行為，否則老師是不會花太大力氣在我們身上。

媽媽警覺到為了生活，疏忽了對我的教育，從那時起她加班少了。

坐在中間排的同學都是班上前十名，大部分家境較好，衣著也較整潔，制服甚至天天熨整，這些同學有點像卡通影片《櫻桃小丸子》裡的「花輪」，衣著常光鮮亮麗。此外，老師曾規定除上體育課，其餘時間要穿皮鞋，但當時家境十分困難，媽媽買給我的一雙塑膠皮鞋，穿沒多久，前面就開花了，媽媽用強力膠及細鐵線固定再穿，沒多久皮鞋面裂開了，媽媽再用布袋針穿水泥袋拆下來的棉線縫合再穿。

成績欠佳，加上衣服常將就著穿，除了制服就是內衣褲，一回到家脫了制服，就穿著內衣褲跑出去玩，常招來同伴的取笑；畏縮自卑加上運動神經又不好，打棒球、玩躲避球除非缺人，否則都只能在外面幫忙撿球。為了讓同學也能看重，我常逞強比狠，做一些同學不敢做或不願做的事。

印象最深的一次，是有一陣子，同學都在玩打火石（舊式打火機用的，像鉛筆芯，長約零點五公分），把它釘在課桌上用刀片刮，就會冒出火花。我和另外一個同學「阿成」，很誇張地釘上幾十顆打火石在桌面，刀片一刮火花四濺，真是好玩極了。玩了一陣子，有人帶酒精來玩，一刮就著火，我和阿成就去買打火機用的汽油，更易點燃，下課幾乎都在玩火，有一次不小心，把整瓶汽油全點燃了，阿成一害怕把汽油丟到地上，整個教室一下子就陷入火海，同學四處逃跑，我和阿成用掃把、用水都救不了，所幸老師及時趕到把火滅了，我們兩個狠狠地被打了幾十下屁股，還罰半蹲合抬老師平日改本子的實驗桌一直到放學，腰痠背痛手腳發軟，一個禮拜腳都還在痠痛，上下樓梯都必須緩緩移動。

我的鬼靈精老大

因為這次的事件，我和阿成結為好友。他很聰明，鬼點子很多，在五、六年級，他幾乎是我的老大，我是他最忠實的跟班。由於他的靈活，我經歷了前所未有的冒險，例如，晚上潛入自然教室偷試紙、試管、玻璃瓶，在一戶空屋架起我們私有的實驗室。記得有一次自然課上「光」的原理，阿成弄了一些玻璃和鏡子，就在這個實驗室裡架上了用光所做的監控裝置，把鏡子一塊一塊鋪在空屋的門外，利用太陽折射到天花板上的鏡子，外面亮、裡面暗，任何人只要經過空屋大門，都會產生光影折射到屋內天花板的鏡子。還有用鏡子放到水裡，利用太陽折射製造彩虹。阿成還發明了用鏡子傳遞訊號。老師要我們分組製造潛望鏡，我們不僅如老師的要求完成了，還特別經由凹凸鏡，製造出有望遠鏡效果的潛望鏡，老師不僅給我們高分，更把我們這組的作品陳列在自然教室裡。所以，自然課成了我上學的重心，也是所有學習的全部。

阿成是個鬼靈精的天才，他成績雖不好，常和我一樣都同坐靠牆的一排，但他想像力豐富。有一次要種地瓜，觀察植物成長情形，他種了十幾盆，有全無陽光、一半有日照一半沒有的、用各種透明紙遮著日照的，還有用各種圖案遮住葉子、用透明水管讓地瓜葉藤彎彎曲曲生長的，利用植物的向光性及根逐水性，養出各式各樣令人驚嘆的植物。他還拿相關的課外書給我讀，我一開始都只是看圖，慢慢地才開始讀自己看得懂的字。為了怕阿成瞧不起，不再讓我跟他讀相同的書，我只好認真地去看，遇到我不懂的就問他，漸漸地，我的閱讀能力好像增強了許多。

阿成和我一樣，都不愛寫作業，但他聰明靈巧，老師檢查作業時，他不是打掃自然教室，就是替老師跑腿，十次總閃掉六、七次，老師也不常追究；有時作業是交換改，那更有機可乘。不過他的聰明、膽大心細、反應快，我只有羨慕的分，我自己則很少逃過老師銳利的眼睛，不是被打手心，就是打屁股。

對我而言，阿成除了功課不行外，他在各方面都是我的偶像。他幾乎是班上的「賭王」，橡皮圈、彈珠、紙牌是用一個軍用的木箱裝滿的，他的零用錢較不充裕，他幾乎都是靠「賭贏」來換些零用錢。有時老師也會用到他的聰明，整理花圃，老師要什麼花、什麼草，他都有辦法弄到，當然，來源就是帶著我這小跟班，看哪一家庭院、窗台、空地有這些東西，阿成都會先觀察再行動，除了有一、兩次被追著跑，好像也沒失手過。老師有時候要的東西是昆蟲或魚、鳥，就比較費心了，阿成會做各種誘捕工具及利用現成的籃子、網子做陷阱，有時有收穫，有時當然白費工夫了。

和「阿成」在一起固然讓我的生活豐富了，以現在身為父母的我來看待五、六年級的生活，只能說當時運氣好，不但沒有發生意外，也沒觸法被逮，甚至有好幾次和阿成到溪裡去游泳，不會游的我差點丟了小命，都是他把我拉上來的，現在想起來，還真是命大！不過，我還真感謝有阿成，有他之後，我幾乎沒再逃課，而且他不知哪裡弄來一大堆自然相關的書，增強了我的識字與閱讀能力，我考試也開始有了重大的突破，自然科偶會六十分以上。他應該也算是我的老師及生命中的貴人！

BEST 看見自己

珍惜每一次相遇

成長的歷程是一連串的「幸運」，而有機會來到現在，我常想，在家裡未得到任何教導及協助的我，如果阿成未及時出現，我可能繼續逃課，最後可能因此成為中輟生。也由於阿成似懂非懂，甚至有許多觀念和書本講的不同，但因同儕的力量，激勵我去識字、閱讀，勉強完成了國小的學程。什麼是「好朋友」？什麼是「壞朋友」？在父母眼中可能有一把尺在量，但在我們的成長旅程裡，與任何人的相遇都將有益，並將豐富我們的生命！

珍惜與人相遇的每一片刻，也許大部分的人都只是匆匆過客，但有少數，甚至極少數會成就我們，是我們生命的貴人。人際互動裡，若把每一個人都當成「貴人」，珍惜彼此相處的因緣，生命會因此減少障礙，而看見更多愉悅及和諧。把每一個人都看得很「重」要，貴人就會不求自來哦！

「與眾不同、一鳴驚人」

每個人一出生，就是那麼獨特及不同！

童年的誓言

在小學的畢業典禮上，不知為什麼我哭得好傷心，抬著椅子要回教室領畢業證書，我沿路忍不住一直哭，到教室我還在哭。究竟在哭什麼？我也不知道，或許是懷念這段無知迷糊的歲月吧！

我在小學最大的心願就是快快長大，能不用再讀書上課，我當時曾請求爸媽免我再讀國中，讓我去塑膠工廠做學徒，爸媽就是不肯。我哭，或許也是因尚有一條學不會，但仍不能不學的路要走吧！小學就要在此揮別。我不再是兒童，而要成為青少年！我當時無法理解，讀書、上學如此痛苦，為什麼要上學呢？從接過老師手上的畢業證書開始，我就揮別了小學生涯，可能我哭得太有勁，平日只差沒把我手和屁股打爛的老師，竟在我領畢業證書時，特別對著全班同學說：

「大家別小看盧蘇偉，他成績雖然不好，但他寬額大頭，以後一定會有不凡的成就！不相信，大家等著看吧！」

我想大概沒有同學會記住這段話，但我卻想忘也忘不了，這大概是五、六年級，這位老師唯一給我的讚美！

「我一定要有非凡成就，重回這個教室，讓大家刮目相看。我要！我一定要！」

這是我結束童年給自己的決定。但怎麼也沒想到這一路走來是跌跌撞撞，一直為了童年的誓言而奮鬥，做一個非凡的人，而我卻不知真正要的是什麼，甚至到最後我也才了解，任何想要不平凡的心志，都是最平凡的，因為每個人都在努力讓自己「與眾不同、一鳴驚人」！

你很特別，只是你沒發現

「與眾不同、一鳴驚人」也是這位老師的傑作，他要每個同學在硬紙板正面寫下這八個字，背面畫格子，有表現好的行為蓋個「優」的章，學期末集優最多的給獎。當然，這些事我一向都是事不關己，領獎的事，從未發生在我身上，但這八個字卻在我成長中，給了不小的影響。我叛逆、服從性差、配合度低，我就是不要跟其他人一樣，我要超脫眾人，一鳴驚人！但一個成績欠佳，自理能力不足，又愛搞怪的人，結果可想而知，老師的評語常是「學習能力低下」、「學校生活適應不良」，如何能成為一個眾所矚目及肯定的人呢？

我的生命旅程曾因此而走入了岔路，最後我才稍微明白，努力去成為他人眼中的好人，或有價值、有成就或者有貢獻的人，並不是那麼重要，也不需要努力鶴立雞群，與眾不同，因為每個人一出生就是那麼獨特及不同，只是我們從未發現罷了！

那張充滿溫暖的卡片

小學的六年裡，記憶中尚有幾件讓我至今仍感到溫馨的事。六年級時，班上有一位女同學，成績很好，每天都穿潔淨整齊的衣服，和我成績欠佳，瘦小愛玩，衣不合身，且常髒兮兮、鼻涕常掛在嘴上是不同的，自己很自然地都會與她劃上界線，很少互動和對談。不過，在有一年的聖誕節前夕，我意外地在抽屜裡收到了一張聖誕卡，那是一張淺藍色、畫著聖誕老人駕雪車的亮晶晶卡片，是那個女同學給我的！我收到卡片後，也不敢直接向這位女同學說謝謝，想了很久，決定放學後去挑一張卡片，要寫給她。

我花了許多時間寫了又擦，擦了又寫，看看自己笨拙的字和她俊秀的字，實在看不下去，最後，還是硬著頭皮偷偷地把卡片放在她的抽屜裡，她看了卡片後看看我，淺淺一笑，彼此都未交談。她送的那張卡片我一直珍藏著，那是我生平收到的第一張卡片，但對當時的我而言，成績好，常代表班上參加演講、朗讀之類比賽的她，和我是不同世界的人，她的卡片是善心和愛心，而非基於友誼，我只敢在上課發呆之餘，偷偷看一眼她紮著兩個小辮子的背，而不敢有任何妄想。

成績低下，不只是自己貶抑自己，在老師和同學的眼光裡，我們是低下階層，沒有前途的人。我一直到了大學二年級以後，才擺脫內在因成績欠佳的自卑與畏縮；到了社會上工作了一段期間，才敢坦然地面對自己不會讀書、沒有好成績的成長過程。

被冤枉一次，傷痕一輩子

因為成績不好，同樣犯錯，老師的態度也有所不同。印象很深刻的一次，是午休時間外出吃飯。因為同學都在迷布袋戲，大家為了搶時間就從垃圾場翻圍牆出去，有一次被逮個正著，十幾個人站成一排，老師逐一地以藤條打手心，成績好坐中間排的同學，老師用力特別重，打到我，老師看我一眼，用藤條示意我回去，不用打！我有些懷疑，我竟然不用被打！老師打完了對全班訓話，強調有人不該犯錯而犯錯，該打；有人犯錯是預料中的事，打了也沒用，懶得打！我低著頭坐在座位上，用眼睛餘光看那些被打的同學，他們痛得仍用手交互搓著，我不自覺地用手也搓著自己的手，我多麼希望這時候老師也能打我。被打的同學痛在手裡，而我痛在心裡，只因為我成績不好，所以做錯是應該的，我什麼都不好嘛，老師連打我都不願意！

當然，成績不好的人，品性也會被認為不好。班上有一陣子鬧小偷，同學的錢、筆、橡皮擦一再地失竊，只要有人向老師報告，老師就把眼光掃向坐在兩旁的同學，訓示要偷的同學勇敢承認，否則被他搜到絕不可原諒。因沒有人承認，老師就搜我們這兩排的書包和口袋，當老師搜到我的書包，我真是恐懼極了，真害怕不小心從我書包找到不該找的東西。老師把書本一本一本拿起來抖一抖，沒想到掉出一張紅色的十元鈔票，老師撿起那張鈔票，一副找到贓物的樣子，睜大眼睛要我承認偷竊，我又急又怕地又哭又叫，大聲宣稱：「錢是我的，我沒有偷，我真的沒有！」

所幸掉錢的同學立即澄清他掉的是兩張五元，老師還一副不相信的樣子，在我書包裡東翻西找，企圖要找到未發現的兩張五元。雖然未找到，但老師一再逼問我十元的來源，但我怎麼說，老師都不相信那是爸媽給我的零用錢！當時心中所受的驚嚇，至今餘悸猶存，每次在便利

直到入社會工作之後，我才敢坦然面對那段備受貶抑的成長過程。

商店或大賣場買東西，我都神經緊張，擔心自己有未結帳的東西，被誤會是竊賊；即使我後來在法院工作，都曾在夢裡出現背包裡有不是自己的東西，車子裡有別人的包包，每每都在夢裡提醒自己——那不是真的！那是夢！不是真的！

在小學每有什麼比賽，大概都是特定那幾個人參加，每有什麼榮譽也都是那些人被表揚。我常幻想自己會撿到錢包，或發現為匪宣傳的傳單，也能站在講台上被表揚一番，但是一次都沒有。印象裡，學校有位老師很年輕就因肝病去世，老師在轉述這位老師勤儉努力、孝順父母時，特別提到他很愛國，每天早上進校門，一定向總統蔣中正銅像行三鞠躬禮，我當時想，我不可能有什麼善行被表揚，每天進校門向銅像行三鞠躬，說不定哪天被校長或主任看見了，會在全校朝會時表揚我敬愛國家領袖，所以每天早上，我走進校門一定會行三鞠躬禮。剛開始實在沒有勇氣這麼做，但想起老師說的「與眾不同」，才能「一鳴驚人」，所以，我都在同學的異樣眼光中，鼓起勇氣脫帽行三鞠躬禮。我始終期待著有人發現我的善行，可是一直到我畢業前夕，都沒有人發現、表揚我，真是遺憾啊！

現在想起來，並不覺得自己愚蠢，而是有些心疼，一個努力想求表現的小孩，卻找不到可以立足的地方！

了解自己所不知

自出生開始，我們就背負了他人的期待——要出人頭地、光宗耀祖、不辱父母……要做個有用、有價值、有貢獻的人，這都是很好的期待，每個人所要的不同，但都相似——都要「出類拔萃、與眾不同」、「成就非凡、一鳴驚人」，但「與眾不同、一鳴驚人」真的是你要的嗎？你真正要的又是什麼？

看見自己，看見真正的自己！當你看見了真正的自己，你就會找到真正的力量，因為自己努力的力量，永遠要比為別人的付出來得真誠有力量！

別忙著努力！先問清楚，自己真的想要「與眾不同、一鳴驚人」嗎？你真正要的是什麼？要逃避的又是什麼呢？

當你開始了解自己的不知道，你就進入了真正的知道，你就會放慢你的腳步，開始去思考自己真正的需要及注意力。你會把力量用對地方，做對的事情！

你是否還想與眾不同、一鳴驚人？

可以評估你是否找到了真正的自己！

大姊的眼淚

看著傷心的姊姊，我聽見心底自責的聲音：「你怎麼那麼笨！」

小一的程度，要怎麼上國一？

我國小畢業時，大姊也從師大畢業，為了讓我及早適應國中生活，她提早教我認識英文字母。大姊早有準備應付我的學習能力，所以，她準備了各種教材，二十六個字母大寫教了快一個月，我還常弄不清楚P、B、E、F、Q、G，教到小寫問題更多，b、p、d只要一出現，我就無法分辨，對讀音的記憶更是困難。大姊每天都盯著我重複地練習，從每天教五個字母的進度，降到三個，沒想到我還是學了後面，就忘了前面。

每天早上，大姊教的是英文，下午用來教我算術及國語。她十分詫異我算術能力僅限個位數及十位數加減，至於乘法則因為一再地練習九九乘法，好像會一點，但一學到除法，不管她怎麼教我都不懂。國語也是一樣，一開始，大姊要我唸課文，但由於識字有限，根本唸不下去，她只好教我把認識的字先圈起來，再一一教我不認識的字，這下子才發現有許多我看似認識的字，也知道字的意思，讀音卻不對，她只好找出大妹有注音的課文讓我唸，才發現我注音都沒學好，ㄣ、ㄥ、ㄤ、ㄗ、ㄘ、ㄕ、ㄖ、ㄉ、ㄊ、ㄠ、ㄡ都分辨不清，教會了這個注音符號，兩個音合成一個音卻拼不出來！

怎麼辦呢？開學緊迫在即，以我現在的程度，國中的課程我一定跟不上，為了怕我國中三年又白學了，她只好買了整套國小教材，一邊上國一、一邊補國小的課程。教了一陣子之後，大姊發現我最大的困難是記憶能力很弱，不易專注，學過就忘記，而且忘得一乾二淨，毫無印象，可是不只識字要靠記憶力，學習任何一門課程都需要記憶工夫。問題是找到了，但是要快速補救根本是不可能的事，如果可能最好重讀一次小學，但現實卻不容許，該怎麼辦呢？

「導師的弟弟」狀況連連

只好走一步算一步了！她分發在台北縣三重市的光榮國中任教，剛開始仍住板橋姨媽家，由於通車耗費時間太長，她向學校申請校內未拆的營房作為宿舍。當時的光榮國中剛創校不久，校舍只蓋好一棟，其餘都是軍隊營房改建的教室，十分簡陋，但為了便於更緊密地安排各種進度，大姊只好住進尚在建設中，其實還很荒涼的學校裡。

這段期間，她曾找英文老師及數學老師做我的特別家教，但由於我的程度實在太差，兩位老師根本不敢教我，最後，仍是大姊一手包辦了所有科目。當時她是班上的導師，雖然她明知道即便是我只做學校作業，都已經力不從心了，若再加上複習國小課程，根本是一件不可能的任務，然而，她又不能放任我不繳作業。這一連串的困難把一開始任教的大姊弄得慌亂無比，這是她教書的第一年，若實習分數沒過關，就領不到畢業證書，所以，她必須在教學上花工夫準備；然而這位「老師的弟弟」，又常會不經意出些狀況，一個月下來，她疲累不堪，我也痛苦難當。

孤鳥不孤，有姊相陪

第一次月考，她對我的唯一期待是——六十分及格。但她接二連三收到我的考卷，剛開始她尚能自我調適，並安慰我說沒關係，第一次考試而已，但當她知道，除了她教的國文、公民勉強六十分，其他科目不僅不及格，有幾科還十幾分、個位數，她捧著這些考卷，想想這幾年來自己的期待及這幾個月的努力，心中百感交集，真不知道接下來的路該怎麼帶我走下去，她再也忍不住地放聲大哭！我不是很懂大姊為什麼哭，我自己覺得還好啊！至少國文、公民及格，每一科都有分，又不是沒有，可是我也不知該如何安慰傷心的姊姊，我的笨又不是故意的，我也很認真在學啊！想著想著我也覺得委屈，忍不住哭起來了。大姊也沒因我哭而停止哭泣，她似乎和我一樣，在自己內在裡糾纏著各種不同的對話。我心中一直翻湧不停的話是：

「人為什麼一定要讀書？」

「人為什麼一定要讀書呢？」

我不知大姊心裡浮現的是哪些對話，姊姊伏在書桌上的背影，我有一種自責及罪惡感，我似乎聽見那微弱的聲音：

「你怎麼那麼笨！那麼笨！」

「我怎麼會有你這樣的弟弟呢？」

事實上，大姊哭完了，就好像沒事一般，找出了考過的考卷，試圖讓我把失去的分數找回來，想讓我知道錯在哪裡。可是這個努力沒多久，大姊就放棄了，程度實在差太多了，考卷上的文字，我還有許多不相識的，要理解它要考什麼，要知道答案是什麼，似乎還有一段距離。教了十幾分鐘，大姊把考卷狠狠地拍在桌上，大聲說了一聲：

「算了！」

我嚇了一大跳，以為大姊生氣了，不再理我，但她馬上和緩自己的情緒，對我說：「考過就算了，別理它了。我們去操場運動！」

在操場上，我跟著大姊後面慢跑，她似乎沒有真的就算了，我可以感覺得到這位個性堅強的姊姊並沒有放棄努力。她仍在思考，怎樣做才是對我最好的學習？

我們運動完回到宿舍，她把小學課本收到櫃子裡，她告訴我，要補小學不會的，又要學國中的太辛苦了！英文才剛開始或許還可以補救，數學真的有困難，四則運算會了就好了，救不回來就算了。語文是基礎，要我勤讀勤寫，提升閱讀及寫作能力，每週除了週記，她都訂一個題目讓我寫作文。

這樣的改變減輕了我許多壓力，也提升了我學習的興趣，尤其是寫作文。剛開始她發現我語詞不通，一句話都難找到完整及通順，原因是我識字有限，她引導我用最簡單的文字來表達自己的想法，不會的字就查字典或空著，另一個方法就是用自己會的字；寫作文成為我每週六下午最期待的事。由於大姊都用正向積極的角度評我的作文，讓我在此獲得極大的成就感。有一次她找不到適當的作文題目，就任我自選題目，我寫了一篇「孤鳥」，寫自己從小學到國一，因學習成績差，宛若孤鳥般在天際飄遊，心中孤單無助，十分嚮往那些書讀得會、試考得好的雁群。大姊看了這篇作文十分感動，她在作文上評語——孤鳥不孤，有姊相陪，蘇偉的努力，老天有眼，終將還給他應得的分數！

神哪！請賜我一顆聰明藥

大姊的鼓勵雖未改善我多少成績，不過我開始喜歡閱讀大姊買給我的各種課外讀物，我漸漸能獨立讀懂文章的意思；於是，大姊更進一步要我試著去了解一篇文章的要旨及重點。當然，這不是一件容易的事，因為我文章常看了下一句，就忘了上一句，看了後段，前段寫些什麼，竟絲毫沒有印象。像有一次大姊拿了一本長一點的故事書給我讀，因為人物稍多，我便眼花撩亂，看完了也弄不清楚到底發生了什麼事。

還有一次，大姊帶我去看電影，我也分不清這個人和那個人是否同一個人，這樣的困擾一直都是我的問題，還好人物角色複雜的電影並不多，而且他（她）們的衣服也很少換來換去，所以，看久一點就會分得清楚。但在實際生活中，人的長相和人名的辨識，對我而言，一直是件困難的

大姊都用正向積極的角度評我的作文，讓我獲得極大的成就感。

事，只是一般人不易察覺。我從幾次經驗中學會，不輕易主動和不熟的人打招呼，並且避免稱呼他們的姓或名，看到可能認識的人就點頭微笑，以籠統地稱呼「大哥」、「先生」、「小姐」之類帶過，尚不致對生活、人際互動造成困難。

跟著大姊這一年，每一次考試，大姊都要面對任課老師對我成績的批評。大姊自幼對自己要求很高，這個笨弟弟常讓她神經緊張，一考試她就陷入焦慮不安。雖然大姊一直都把這些負面的經驗承擔下來，但內在受挫的情緒總會影響著她，所以，考完試或發成績單的當天，我都會跑出去玩到很晚，或在校園的工地躲起來，她前幾次會找我，後來她也懶得找，知道我沒地方去，晚一點自己會回來。

事實上，讀書上課聽不懂的苦悶，或考試不會、成績不好的痛苦，實在都不及大姊為此的煩惱及焦慮，所帶給我的自責及不安！我常獨自一人幻想，是不是會遇到一位神仙，給我一顆仙丹，我便能過目不忘，成為人人羨慕的好學生，這樣大姊一定會以我為榮！

打開自己的那扇窗

不完善的教育制度，使得記憶能力強、理解能力好的孩子，占盡了所有學習的優勢。但上天一直是公平的，祂多給這個人這方面能力，一定會在某些能力上扣他（她）一些；祂為這個人關上這扇門，也一定會為他（她）開啟另一扇窗！

別羨慕別人的擁有及優勢能力，而應重新檢視自己，上天為我們打開的那扇窗在哪裡？記憶能力、理解能力在學校考試有用，但出了校門所比的就不是分數，而是綜合的能力，更重要的是一個人的特質、個性、習慣及態度。別太在乎我們曾輸掉的分數及名次，想想上天賜給我們的天賦究竟在哪裡吧！把輸掉的分數及名次找回來！

出了校門就不是比分數，更重要的是特質、個性、習慣及態度。

重讀特教班

我再也找不到理由去承受考試、讀書的痛苦了！

再當一次國一生

一年級即將結束，我的識字及閱讀能力、寫作表達能力有些進步了，但是其他科目及成績改善有限。大姊努力了一年，雖然稍知我的困難所在，但以教育的現況，要讓我循序跟上是有困難的，她便帶我回大溪和爸媽商量，接下來該怎麼做，才會對我有比較大的幫助。

大姊得知省教育廳當時正試辦國中特教班，在台北縣剛好有板橋海山國中，她的看法是我基礎的能力都不具備，升上二年級學習將更加困難，如果讓我就讀特教班，或許可以彌補我不足的基礎能力。大姊提出她的看法，爸爸也贊成這樣做，媽媽卻擔心讓我和一群智能有障礙的人放在一起，會不會愈學愈笨？這一點，在大學修過特教學分的大姊卻很有把握，她說一般特教班不但人數較少，而且通常會有兩位專職老師，較能依學生個別差異予以教導，對我可能較有幫助。但是必須重讀一年級，而且必須智力測驗符合才可能。

在大姊的解釋下，爸媽同意讓我重讀一年級，雖然我對特教班毫無概念，但能讓自己多一點準備時間也是好的，決定之後，大姊就立刻陪我辦理了入學事宜。

由於其他人都在暑假新生訓練，我是快開學才報到，因此當時我是單獨在教務處做智力測驗。隔了幾天，大姊就收到我的入學通知，我正式進入特教班就讀。

我的智商只有七十分

因為我是早讀，剛好和大我幾天的表哥讀同一間學校，他十八班，我一年一班，為了就學便利，我就暫住姨媽家。讀這樣的特別班級，由於沒有特別區隔和標示，且教室也都和其他班級一樣，所以，也就沒什麼特殊的感覺，只是大家有些好奇，我們班上人數只有別班的一半，而且我們有兩個導師。當時所用的教材和一般班級一樣，進度也一樣，只是感覺上老師比較有耐心，而且不要求我們考試成績。上學期似乎過得還挺開心的，英文課至少我會了二十六個字母，許多同學都還不會閱讀課文，我已經會了，有些同學甚至老師教到哪都不知道。在這些同學當中，我相對地感覺自己比他們優秀。但是考試成績雖有進步，和在重點班的表哥比較起來，仍然顯得拙劣。

在這樣的班級，我顯得更孤單，同學都不太容易互動，而且很容易就發生肢體衝突，有一次甚至還用椅子互打，把同學的頭打破了，教室裡都滴滿了血跡。那次事件以後，管理組長幾乎每節下課都會來巡視一下，對於違規的同學都處以最嚴厲的處罰，通常是用木條打手心或屁股，每次有同學被處罰哀號、痛苦的樣子，都讓我感到深刻的恐懼！

當時的訓導人員幾乎都是以殺雞儆猴的方式處理違規同學，但我常覺得只是吐一口痰、亂丟一張紙屑、穿不一樣顏色的襪子，有那麼嚴重，要用如此重的責打嗎？甚至，有高年級學長穿喇叭褲，在朝會時被叫到司令台上剪褲子，還被重重地打屁股，在當時都是理所當然、司空見慣的事。這種凶暴的管教，比鄉下的小學更勝一籌。上學每天都提心吊膽，唯恐自己會成為下一個祭品！

在這樣的特別班級待了一學期，留下的印象就是：班級秩序很亂，同學上課常亂跑、很粗暴、蠻橫不講理。大姊常問我學習的情形。我覺得在這裡，課業上老師要求少，壓力也小，老師比較重視識字能力及閱讀能力，一個字不會，老師會比較有耐心地說明這個字，對我閱讀上確實幫助不小；至於其他學科，由於教得少，和其他班級應該有頗大的落差。但我跟大姊表達我的感覺——我好像不應該跟這些人同班。

大姊看看我的成績，雖然仍有半數不及格，但成績已有明顯進步，不及格的也有三、四十分。為了更了解我的情形，大姊還特別拜訪了兩位導師，聽取兩位老師建議。老師說，雖然我智商測驗只有七十分（我是後來在轉學資料袋中發現的），但學習能力比其他同學好，若留在特教班，進度慢、範圍小，可能較不利我的學習，大姊也覺得有道理，於是在上、下學期的重新編班，我轉到了普通班級一年十二班，沒想到這樣的決定，上課又成了我痛苦的煎熬！

淚水中的幸福微光

當時採能力編班，而且是以升學為取向，海山國中是當時升學率極好的名校。在一年十二班，最難適應的就是考試，每每考試不是被罰，就是被打，而一天通常要考兩、三種，有時還每節都考。英文、數學我是放棄不讀，而除了國文、美術、工藝、體育是讓我期待的，其他的科目是有聽沒有懂！但有進步的地方是我已能自己閱讀七、八成的內容，一樣的問題是讀了就忘得一乾二

到了以升學為取向的普通班裡，我最難適應的，就是考試。

淨，每次考試看到那些題目，都像未曾讀過一般。因住姨媽家，表哥成績不錯，回到家最害怕別人問我功課如何。幾次月考，要家長蓋章，我實在拿不出自己的成績單給姨丈看，內心最為不安的，就是考試！考試！

幸好在這段期間，我遇到了生命中的貴人林麗珍老師，她教我國文。我最喜歡的是作文，早在大姊用心的教導下，我自己能勉強寫一篇作文，可能是大姊送了我一本《千家詩》，我沒事就讀它，所以，那時寫出來的作文都像是在寫詩，全是七個字或五個字一句，以我現在來看這些文句，自己都弄不懂這些文字的原意是什麼。我想當時的我會用這種方式寫作文，一方面可能是一種嘗試，另一方面也有可能是偷懶，遇到不會的字就略過去，字與字間常不連貫、不順暢。

●林麗珍老師給了盧蘇偉很大的鼓勵。

林老師或許基於悲憫，後來才知道她的兒子也曾患腦膜炎，她總對我特別有愛心及耐心，她每一篇作文都用心地評語，往往我寫一頁，她都寫兩、三頁評語，而每次給我的分數都是八十分左

右，八十分對我而言是那麼難得見到，我的作文愈寫愈有勁！她常會在下課時，要我幫她拿作文本子，在前往辦公室的路上，她就會用各種不同的角度，告訴我她看到我的長處及優點，除了大姊老師會如此看待我，她是唯一給我深深肯定和鼓勵的老師。

當時的課文中，有一篇朱自清的文章〈匆匆〉，其中的文字深刻地打動我：「人赤裸裸的來，又將赤裸裸的去，我們未帶來什麼！也帶不走什麼！」當時我正面臨每天考試的痛苦，如果生命的歷程是如此，早死晚死又有何差別呢？我把這個問題請教林老師，她告訴我人生是個歷程，朱自清所描述的是有形的生命，在無形的生命中，生命的歷程本身就是學習和成長。當時，我無法理解這些，我只感受到我的壓力和痛苦，一心想求得解脫。其實，我的內心是不敢勇於承擔及面對，我是退縮及想逃避，我無法理解生命的歷程不論遭遇什麼，都是有意義及價值的。

國一下學期的美術課，是對我的另一個鼓舞。老師是位剛從師大畢業的男老師，從不依課本的範例，只要我們充分發揮想像力及創意。當時做肥皂雕刻，我簡直是著迷，做了許許多多的造型雕刻，老師把我的作品陳列在講台上，讚許我有藝術天分；畫圖時，我偏愛抽象畫，把石膏素描畫得四不像，老師非但未指責，還激賞我有野獸派的味道。我那時很愛畫，可惜美術課一週一節，又常被借去考試。在我的生命中，我常問自己，這一生如果能做什麼而樂在其中，我會選擇雕塑和繪畫，這位老師短短幾次的啟迪，卻對我生命有著莫大的影響！

好想出家當和尚

但無論如何，國一下學期和上學期比較起來，是漫長而痛苦的。由於林老師的影響，我找了一些關於佛學的書來讀，對於生命的目的及去處，存有很大的疑問——為什麼要浪費生命在考試、讀書呢？如果了解生命是那麼重要，為什麼不用全部的生命來努力呢？

我起了一個「出家」當和尚的念頭，一個人就從板橋騎腳踏車到土城、三峽交界的長壽山，當時下著大雨，我隔著驟下的雷雨獨坐涼亭，望著一位老師父在和信眾對話，心中一直沒有勇氣上前和這位老師父講話，就這樣等到雨停了，那位信眾也走了，老師父也轉身入內休息了，我才帶著自己帶來的疑問，下山回家。

天空雖然放晴而潔淨湛藍，一路騎著腳踏車，心中的陰霾卻愈加籠罩——我實在找不到理由，去承受這些考試、讀書的痛苦！我還要繼續嗎？

看見自己

做好準備，等待機會

重新檢視這段生命的旅程，有些痛苦至今仍有驚顫，如背不起來硬要背起來，讀不會仍努力在讀，努力從未被了解，而別人看到的只是留在考卷上的數字，背不起來的仍舊、讀不會的還是不會。但現在不用再考試，也不會有人理會我不會什麼。

如林麗珍老師所說的：「生命是個經歷，不論它遭遇了什麼，它都是有意義和價值的！」當時我極端地排斥讀書考試，選擇了逃避面對現實，卻不知任何的選擇，所要走的道路，都和自己的期待有很大的差距。生命是個經歷，在我們沒有更適當的選擇之前，以我現在的態度，我會放下掙扎，好好地珍惜這段經歷，品嚐它的滋味，它總會成為記憶的努力，做好自己所能努力的一切，等待下一個選擇的機會！

年輕的生命，我常抗拒、逃避自己不喜歡的一切。等到不再年輕，才恍然大悟，所抗拒和逃避的事物背後，正隱藏著我期待得到的禮物！

先做好自己所能努力的一切，等待下一個選擇的機會！

煎熬

快樂和痛苦是一體兩面，但我了解這些，已是很久以後的事了。

最黑暗的日子

在一年級下學期期末考前，我寄了封限時信給爸媽，把自己準備出家的想法告訴他們。我原以為他們收到信時是暑假的開始，沒想到剛考試，二姊就到姨媽家來接我回家，二姊不容我多猶豫，拉著我的手，什麼也沒帶，就把我帶回大溪。

我想要出家的事，對爸媽來講是很大的衝擊，但他們不了解我讀書考試的煎熬及痛苦。我並不了解出家要過的是什麼生活，只是浪漫地從詩文裡得知，而嚮往一個拋棄紅塵、自由自在的清淨生活。爸媽的震驚，出乎我意料。媽媽了解我就學的痛苦，難過地說：「不讀就算了！何必要出家呢？」

經由爸媽、大姊、二姊的商議，希望我能同意轉回大溪就讀，我似乎也不敢再有重大決定，順著父母的心意轉回大溪。隨同二姊辦完轉學手續，把大姊留在姨媽家的藏書帶回了一部分，整個暑假我大部分都一個人，在竹林下的古井邊讀這些書，我幾乎迷上了短篇小說和散文，至今仍印象深刻的是謝冰瑩女士的文章──〈流星〉，描述抗戰時期，她的姪子參加青年軍為國捐軀，短暫的生命如流星般地綻放短暫光芒，留下世人的驚嘆，再受日本三島由紀夫的短篇小說影響，我給了生命一個決定──我寧像烈士般的活著，也不要做個平凡常掛天際的繁星！

也許是因為自己讀的書影響，也有可能當時的環境，沒有人陪我一起分享或給予我一些了解，我陷入了生命中最灰沉的一段歷程。我有好幾次自殺的念頭──人終將死亡，有什麼理由，讓自己挨受如此多的苦才面臨死亡呢？當時我不了解人生的意義及生命的價值所在，一直到我經歷了生命的無數歲月之後，才理解快樂和痛苦是一體兩面，沒有經歷痛苦，永遠都嚐不到快樂的滋味。痛苦是個禮物，只待時間及智慧解開它的包裝！但了解這些，已是很久以後的事了。

沒有經歷痛苦，永遠都嚐不到快樂的滋味！

叛逆，因為沒人了解我

轉學大溪國中，由於爸爸和校長是熟識的好朋友，所以，把我安排在升學班的最好一班，沒想到這番好意，竟是最大的錯誤。我就是適應不了海山國中的考試，才會演變到要轉學，如今又被安排在升學的重點班，考試的頻繁更勝於海山，加上暑假讀了一些書的影響，我開始形成自己憤世嫉俗的想法。有一次，我在作文上，表達了自己對生命及生活的一些消極、悲觀看法，老師不僅打五十八分，還把這灰色的想法告訴了爸爸。也許是爸爸自己也在工作、生活上遇到了瓶頸，對此並沒有給予我任何的了解，反而嚴厲地斥責我——不珍惜父母的努力及付出，也不珍惜自己難得的生命，為自己製造困擾，也為難父母！

我再也不把內心的想法寫在週記及作文上，我叛逆地考試不再不懂裝懂地作答，而是繳白卷以示抗議和不滿，老師約談及做家訪，我都堅持考試不作答，老師最後也懶得理我。二年級上學期，每天早上騎腳踏車出門，我都在想如果被車撞死了，不知有多好！放學回家，常跑到學校對面的公園，好幾次有衝動想從崖上一躍而下——「死掉算了！為什麼要活得如此痛苦！」一學期總算挨過了，我強烈地表達要轉到非升學班，教務主任同意，允諾下學期，讓我轉到非升學班，我才勉強讀完了上學期。因我的抗拒，學校課業當然是慘不忍睹，好像只有工藝、美術、體育及格吧！

不過那段期間，我讀了許多課外書，有一本書給了我莫大的啟示，鄭豐喜先生所寫的《汪洋中的一條船》——一位小兒麻痺者的苦學歷程，鄭豐喜先生用爬的上學，我雖然書讀不會，但也沒有理由要放棄自己！

下學期果然被編到非升學班，導師開學沒多久，就因脊椎神經開刀而請假，班級常由其他老師代理照顧，這也許是不幸的事，但卻給了我很大的喘息機會，我過了國中最快樂的一學期。由於我愛讀課外書、散文、短篇小說，同學常交換書來看，甚至，有位同學專偷書店的書便宜賣給我們，我像是個飢餓的小孩，拿了書就啃。但我絕不看學校的課本，反正也沒人重視成績，考前翻一翻，發成績，好像也沒人特別在乎。

親子衝突，漸行漸遠

國二升國三時，學校發了一份升學、就業調查表，爸爸勾升學，我用刀片刮掉，改勾就業，因此，從國二學期末開始，就有一連串的機會參觀工廠，甚至下午被安排至工廠實作。早上我們第二節課就把家裡帶來的便當吃了，中午到了工廠再吃工廠提供的便當，半天工作還有十元工資可領，做了一、兩個星期，國三可以一學年都參加建教班，半天讀書，半天工作，如此的一天，過得容易，既充實、又快樂。我決定國中畢業再也不要讀書了！

在國二升國三的暑假，升學班暑期輔導，而我都隨同學四處玩樂，玩遍了大溪附近的溪和河，釣魚、爬山、摘果子、游泳，沒事就躺在樹上或溪旁石頭上讀散文、小說，有時獨自一人帶著《千家詩》走在山間小路，像個雲遊的詩人般，隨口吟唱。爸媽仍忙著家計，很少有空關心到我，只是偶會問我有沒有讀點書，我也習慣敷衍他們。因為國二上學期的親子衝突，我已習慣和爸媽保持距離，雖然我仍期待他們能了解我的想法，但這些想法只是希望而已。至今身為父母，才理解到愛、關心、了解孩子不是件容易的事，因為我們對自己的了解都十分有限，如何讓別人來了解我們呢？而我當時並不懂，以為父母「應該」、「必須」了解我，所以，會和父母嘔氣，躲避和父母談任何的事。

終於決定考五專

離開海山國中，我一直都和林老師保持聯繫，我也利用暑假特別探望她。我和她談到自己決定不再升學，準備參加建教合作的班級，林老師竟然出乎意外未鼓勵我一定要升學，她只淡淡地表示，這樣的教育制度和社會價值是不公平的，會讀書和不會讀書的小孩，只要肯努力，應該都有希望才對。她希望我謹慎地考慮，不要急著決定，她要我「選擇自己喜歡的，喜歡自己的選擇！」她這番話，讓我又陷入了苦思——我喜歡什麼呢？

我不知道我如何選擇，現在的我喜歡讀書（不用考試的書），我如何去為我的以後、未來做決定呢？回到家，我和二姊談我的想法，二姊已高中畢業，師大美術系未考上，半工半讀在修幼教學分。她告訴我她在社會上工作的經驗，她說一個人要有基本的學歷，理想才能夠實現，國中學歷是不夠的，她高中畢業無一技之長，就業上必須重新學起，她認為我喜歡讀書、寫作，是不是給自己一個機會去讀高職、五專，有一技之長，又能培養自己的興趣呢？

思索了幾天，我下定了決心——考五專。考上了，這輩子就永遠都不要再為考試而讀書了。

BEST 看見自己

珍惜別人的每一次付出

生命是個旅程，在這旅程的前段，我們扮演被愛、被關心、被了解、被照顧的角色，我們認為父母、老師的愛和關心是「應該」的、「必須」的，如果得不到，我們就自暴自棄，甚至於自我摧殘，自我毀滅！如果，我們了解任何的愛與關心都不是應該得到的，而能心存感恩地接受、珍惜，沒有獲得時，能夠了解父母、老師沒有義務和責任，除了教養、教導外，要額外給我們這一切，心無怨尤，「愛」會常在，「關心」會常有。

因為「愛」和「關心」始終都被我們所擁有，只是我們期待太多，認為理所當然，我們失去了對「愛」及「關心」的覺察能力。當我們開始珍惜別人的每一次付出，我們會浸潤沐浴在「愛」與「溫暖」裡。

我們的愛一直都在，曾經有過的愛早就播下了種子，只因我們貪求恆久，期待不變，所以，愛的種子無法萌芽；若我們打開心胸，即使是路人，偶然錯身而過的人，我們都會覺察到那份被重視的溫暖和愛！

讓自己有一顆細膩柔軟的心，讓愛和關心有門能夠進來！

淚灑東南工專

「為什麼不奮力一搏呢？」這句話，讓我變得積極起來！

每一課反覆做十遍

國中升上三年級，我做好了考最後一次聯考的準備，英文、數學早在一年級就放棄學習了，我把心力放在其他科目。立定志向是很容易的，在實踐的過程卻是艱辛的。班上升學和就業的同學各半，開學之後，導師續請病假，原以為班上秩序會大亂，沒想到成為訓導處盯上的重點班，從早自修開始，不是管理組長，就是訓導主任，輪流點名維持秩序。由於我決定開始讀書，和玩樂的朋友也就疏遠了，每天下課後都到鎮立圖書館或大廟的會議室讀書，讀了三年的國中，從未認真準備過考試，剛開始一、兩個月都在摸索，自己訂了一份功課表，可是讀過就忘得一乾二淨，好像從未讀過，幾度都想放棄算了！但想起林老師和二姊的話，為什麼不奮力一搏呢？為什麼不給自己一次機會呢？想逃避的心，就又再度積極起來！

這段期間，我很感謝好朋友阿富。他的成績原是名列全校前幾名的，但因家庭因素轉到了普通班，他對讀書、考試有自己的一番體會，認識他之後，他教了我一套準備考試的流程：很快讀一遍，然後做測驗找出課文重點，再讀第二遍，再做測驗，把不會的標示起來，翻閱課本開始讀第三遍。他告訴我，成績好不是因為頭腦好，而是勤快，一次又一次地做測驗，他說他平均一課都讀五遍左右。我立下志願——勤能補拙，每課反覆做十遍。阿富還教我一本參考書原則：精讀、精做每一個題目。我放慢了腳步，從國中第一冊國文、歷史、地理、生物、健教逐一讀起，我讀完十回時，心中有一種說不出的喜悅，原來以前讀不會的，只要重複練習、再練習，難的題目也會變簡單。我不是笨，而是不夠用功！

我每天早上六點起床，凌晨一點睡覺，爸媽看我用功起來，一則喜、一則憂。媽媽知道勸我也沒用，只好在睡前幫我泡杯牛奶，並打半桶水放在我房前，讓我累了洗臉。我想他們不會了解我的用功，是想永遠逃避聯考，不想再為考試讀書了。

當時我的目標是五專最後一個志願——「東南工專」，我把這四個字寫大大地貼在書桌前，不管什麼科系，只要考上五專，我從此便可過自己想過的生活，不需要再讀這些無聊的書了！

那時我家仍租老舊的四合院居住，常在寂靜的夜裡，透過窗戶，欣賞月色的柔美，內心翻湧著，在這個適者生存、恃強凌弱的世界，我一定要做個強者。雖然，我現在是弱勢被聯考選擇，終有一天我會成為強者，選擇聯考。但一想到我的英文、數學，雄心壯志馬上就沒了，「只要有學校讓我讀就夠了！」

向打我的人道歉

三年級的上學期，由於我的努力，並聯合了想升學的同學一起讀書、一起測驗彼此，沒想到形成班上一股優勢的影響力。由於爸媽給我的零用錢較充裕，許多參考書及試卷都是我出錢買的，我也常請同學去吃蜜豆冰，這一夥有十幾個人，彼此激勵士氣頗為高昂。下學期導師依然請病假，在管理組長的指定及同學的支持下，被選任班長，這對我而言是空前的榮耀。因我們非重點升學班，除大型模擬考外，幾乎是放牛吃草，我自己就和班上同學商議訂了進度，要升學的同學自己考自己，然後交換批改，登記分數，阿富是我們的指導小老師，誰有問題就請教他。而我這個班長是很強勢的，班上有部分同學不升學，認為我做得太過分，約了別班同學在廁所堵我，我看他們一群人，十分不屑以眾欺寡。

「有本事就單挑！」

沒想到這種挑釁的話，激怒了這一群大哥級的同學，揚言放學後要讓我死得很難看。那天是週六半天課，我講了這些話，開始害怕起來，一放學騎了腳踏車就往回家路上快衝，沒想到這幾個同學，班會提早結束了爬出學校圍牆，騎車在半路堵我，幾個人圍著我，由其中的一個甩我兩個耳光；在回家的大馬路上，一大堆大人圍觀，但沒有人出面制止。在寡不敵眾的情況下，我知道還手只是討打，這四、五個不同班的同學，口裡叨叨罵了一些髒話，想激怒我還手，我始終沒有還手，正好有一部卡車疾駛過來，當時我有個衝動要推這個打我的人去撞卡車，幸好我猶豫了一下，否則我可能成為殺人犯了！所幸小妹正好放學經過，看到有人欺負我，大聲哭嚷，讓這群同學悻悻然瞪我一眼，還吐我口水才騎車離開。

回到家，媽媽知道了這件事，氣急敗壞地拉著我的手要去找老師討回公道，我知道自己也有不對的地方，晚上爸爸回來，我表明我不想把事情擴大，週一要找打我的同學向他們道歉，一了百了；如果找訓導處處理，贏得面子，恐怕將輸了未來的平安。媽媽很難接受我被打，還要向打人的人道歉！但由於爸爸支持，週一早自修，我就找到打我的那幾個同學，表達我的歉意，不該講那些挑釁的話；出乎意料，這些同學非常友善地和我握手言好，因為彼此習性不同，雖未成為朋友，但也未因此樹敵。而班上找人打我的同學，從此不再在教室搗亂，配合我們的讀書會運作，做自己喜歡做的事。

堅持到最後

國中三年級由於每天，甚至假日，都是讀書、讀書，感覺時間過得很扎實，我們把學校模擬考作為測量自己實力的指標，但令人氣餒的是，不論怎麼考，總是離考取的目標差了一百多分，即使是最好的一次，也還差了五十分。時間就這樣慢慢地經過，有些同學半途放棄了，只有我、阿富及四、五位同學堅持到最後。

學期即將結束，除了報名高中、五專、高職，我還報了中油的建教合作班，以及在高雄考試的六和高工建教班，大概報了十個學校的考試，當時心裡的想法是：散彈打鳥，打到一隻就夠了，而我真正想上的學校還是東南工專，其次是中油的建教班。七、八月一連十來場的考試，可預期的高中落榜，建教班也都落榜，五專在可登記的邊緣，但以去年的分數推斷，也是落榜。我有點氣餒，努力了一年，為什麼老天不給我一條路走？最後收到成績最好的一張成績單，桃園農工職校的成績單，備取十幾名，等同落榜！

為什麼會這樣？都敗在英文、數學兩科，加起來多則三十餘分，少則十餘分！其他科目都有七、八十分。大姊看了我的成績單，雖不滿意，但比較她教我的國中一年級時，已有明顯的進步，可是有什麼用呢？我傷心地撕下貼在書桌上發黃的「東南工專」的努力目標，痛快地哭了一場。該重來一次，還是就算了？爸爸還一再地安慰我，說或許桃園農工有一線希望備取可以補到，可是打聽之後知道，備取通常只有前十名有希望。這段期間心中失去了努力的方向和目標，我寫信給林老師，她回信要我到她家聊聊。

我一個人坐車到土城林老師的婆家，她和我聊了一個早上，我每提到我如何努力希望上「東南工專」，就流一次淚，她開玩笑說：東南工專將永遠欠你一份情，你這麼愛它，它卻不要你！不過她告訴我，天無絕人之路，上帝為你關上一扇門，一定會為你打開另一扇窗，在未來的某一天，你一定會感恩上天的安排。想不到林老師的預言成真，回到家，爸、媽、大姊、二姊興高采烈地把桃園農工的備取註冊通知給我看！

「我有學校讀了！」

「上帝真的為我打開了另一扇窗！」我補上了桃園農工的電子科！

事隔二十年的暑假，我受教育部訓委會之邀，擔任北區訓導人員研討會的演講人，地點是東南工專，赴約前我輾轉難眠，曾是那麼殷切期待進入的學校，如今終於有機會踏入這個學校的校門。當我開車駛進東南工專的校門，忍不住年少受盡委屈的情懷，熱淚奪眶而出。演講時，我還忍不住哽咽數次，如果生命能夠重來，讓我順利進入東南工專又如何呢？相信我的生命經歷及視野一定要重新改寫。生命是有一定軌跡被安排好的呢？還是一切都是偶然的呢？

看見自己

慶祝每一個生命的結果

如果生命能夠重來，你會有什麼不一樣的選擇呢？而重新一次的選擇，生命就真的沒有遺憾嗎？真的嗎？

生命的旅程，我們之所以來到現在，是冥冥之中有個主宰在操弄呢？還是它只是偶然、巧合地拼湊成現在的我們呢？

以前我相信「命運」是個定數，但我現在不認為如此。我相信生命不論什麼結果，它都是美好的，它都是珍貴的禮物，因為不論什麼，過去已無法再改變，未來卻永難確定，何不欣賞、享用現在的一切呢？

什麼是好呢？什麼又是壞呢？那只是比較的結果，為什麼要讓生命浪費在懊悔及遺憾呢？用心付出經營此刻，下一個片刻自然豐富、甜美，為什麼不把心力，用在專注的體驗、耕耘此時此刻呢？

生命是個持續被開啟的禮物，慶祝每一個結果吧！如果我們沒有預期，任何結果都會是驚喜，而且是一再的驚喜！

看見新希望

大學對我是何等遙遠，但我為什麼不給自己一個機會呢？

不想被留級，我就更努力

高職是上天賜予的禮物，我帶著珍惜的心，期待能擁有一段豐盛的三年，但沒想到高一因英文、數學程度欠佳備受煎熬。當時只要一科被當就必須留級，高職英文雖然薄薄一本，對我而言猶如天書，所幸節數不多，一週兩節，為了讓自己不致英文不及格被留級，晚上我報名了國二班的英文補習，和一群國中二年級學生一起上課，一週兩次，老師教了就考，考不好就打。我反穿高職夾克偽裝成國中生，老師也沒發現，照打不誤。每次上完課，內心都充滿了掙扎，下次要再來嗎？

為了不被打，我花了許多時間做準備，從大溪到桃園，我通常都是坐五點三十分的第一班車，到校六點四十分左右，到校後放好書包，便到校後門的縣立體育場跑步兩、三圈，然後開始大聲地背英文。勤奮的心，讓早起運動的人感動，但或許我讀書方法不對，我的努力並沒有感動上天，讓我學會英文，上課免挨板子。這樣讀了一年，上學期英文四十五分，下學期鐵定被當！我內心焦慮不安，甚至是恐懼難平，為了應付考試，我學會了考英文作弊的方法，對我而言這沒有什麼對不對，我只想讀下去。我把背不下來的單字刻在書桌上，剛開始很不安，怕被同學發現，看不起我，後來才發現有許多同學都是如此。職業學校要求沒那麼高，後來我才知道英文考題全來自作業習題，而習題又不多，我通常記前一個英文字，然後把答案背下來。結果，一下和一上的英文竟平均正好六十分。接到成績單時，我真的樂壞了！

數學過關就比較容易，老師出的題目，通常是課本的例題或習題，我也不管懂或不懂，每題練習三至五遍，考試混個六十分尚容易。比較難的科目是專業科目的符號辨識和計算，我常弄得迷迷糊糊，其中電阻用顏色辨識大小，對我而言需要花很長的時間不斷練習，然而國中三年級的經驗，讓我相信勤能補拙，人家讀一遍會的，我會讀它五至十遍，反正熟能生巧，這些科目雖有些困難，但我已不再畏懼。

每天放學後我很少直接回家，大部分都在圖書館讀到晚上九點半，坐車回到家通常已經是十點半以後了，再吃點東西，通常都要過十二點才會上床睡覺。可能因為長期的睡眠不足，從上國中後，我一直有習慣性頭痛，上高職後痛得更嚴重，連吃止痛藥都止不了痛，身體檢查，醫生只表示可能因曾經患過腦膜炎，造成腦部血液不流暢吧！我也不當一回事。

下定決心考大學

高二是我生涯的重大轉捩點！由於長期大量地讀散文、小說，在作文及週記上常獲得老師肯定，高二的上學期，受到國文科張滯文老師的鼓勵，我參加校內首度辦的小說、散文獎，由於自由參加，參加人數不多，我意外地拿到了兩項獎的第一名。在導師符繼起教官的鼓勵下，參加省教育廳教孝月徵文比賽，得了小說第三名，這在我灰沉自卑的生命裡，綻放出光芒，尤其導師符繼起教官，是個博學多聞的名書法家及演說家，我對生命的種種疑問，他都逐一給予解答及引導。他告訴我，讀工科對我而言是個錯誤，他鼓勵我去報考大學。

大學？這個對我曾是何等遙遠的名詞，然而我問自己，就像考高中一般，為什麼不給自己一個機會呢？但我仍沒勇氣做決定，好不容易擺脫讀書、考試的噩夢，又要再次投入，而且是要投入

老師鼓勵我參加寫作比賽獲獎，使我灰沉自卑的生命綻放出光芒。

一個漫長而遙不可及的夢想。現在我就讀的這個學校，有保送或考取師大工教系的，但未曾聽說參加大學聯考有考上的。我回到家，把我的想法告訴爸爸，爸爸知道我要考大學，他很高興，但知道我要讀的是哲學系，他似乎不很贊同。我說世界是由思想家決定的，孔子、蘇格拉底，乃至孫中山、馬克思都以思想決定了世界的命運，最後爸爸堅定地告訴我：

「父母不能為你做任何決定，但在你做決定時，會全力支持你！」

未能實現的夢想更美

有了爸媽的支持，從高職的二年級開始，我有許多機會參加徵文或寫作比賽，多次文章刊載桃園青年及校刊，也因此有機會參加校外的研習及訓練。由於我是個職校生，在許多高中生面前，總會有種次等學生的自卑，所以，參加任何活動，我都是全心投入、全力以赴，遇到可以發問、求教的機會絕不放過。當時我參加寒假的文藝營，有一位武陵高中的國文老師，見我不斷追問生命的究竟及出路等問題，她最後給了我誠懇的建議，她說任何事的追求，理想和現實間都有一定的距離，捨現實而追逐理想，那是淒美（生活淒慘，生命美麗）；捨理想而逐現實，那是庸俗。最好的生命是——「理想能現實化，現實能理想化。」

這席話對我的生命抉擇有很大的影響。在當時，年輕人的偶像是新聞局局長宋楚瑜先生，他在報紙上發表了一篇〈指南山麓話指南〉的文章，給了我莫大的激勵──「年輕人要有夢想的勇氣，更要有實踐夢想的毅力！」我決定去追逐自己做一個哲學家的夢，也許生活上是平凡的，如老子做一個圖書館的管理員，卻能以《道德經》一書影響人間數千年，我有何不可呢？

當時桃園縣救國團主任鄭志誠先生，特別贈我沈宗瀚博士所寫的《克難苦學記》，勉勵我要不畏困難，要勇於努力實踐夢想。在這段期間影響我最大的是導師符繼起教官，他博覽群書、見識廣博，在當時戒嚴時期，思想封閉，他能遊走於言論自由的邊緣，給予我思想上的引導，教導我如何思辨是非、獨立批判。他幽默風趣、舉例生動，我都是利用早自習，他到班上的時間問他各種問題，當時的唐山校長也多次讚許我，要多向他用心學習，可惜當時學識有限，只能向他詢問些皮毛的問題，無法更深入向他討教。

另外，值得一提的是，在高職的三年中，教室布置讓我有了足夠的機會表現我的創意。由於我擅長跳脫布告欄的框框，以整體教室作為設計，讓每一個進教室的人，彷彿進入竹林或草原般，有一種開闊明朗的感覺，每一學期布置教室都是前三名，還有幾次是第一名，這樣成功的經驗，讓我對於美工設計、景觀藝術一直有很大的興趣。我常想，如果國中一年級時，美術老師能給予多一點教導，因緣上能多一點機緣學習美工設計的基礎技能，而我能讀美工科，我相信高職的三

我全心投入、全力以赴，遇到可以發問、求教的機會絕不放過。

年一定會更多采多姿，我生命的旅程，也會有所不同。

未能實現的夢想或許是更美的，就像我至今仍愛好收集設計精巧的物品圖片，尤其是水池造景。我第一次參訪冬山河風景區，有一種難以言喻的興奮，自己曾有過的想法，竟一一地被實現出來！像這樣的夢想，可以讓我們永遠懷著嚮往，就如同我對「哲學家」的夢想一般，至今仍充滿著嚮往。

BEST

看見自己

努力過的夢想，讓生命有光

你夢想自己成為什麼？

如果你有機會許願，什麼願望是你一生最期待實現的呢？

「年輕時，要有夢想的勇氣，更要有實踐夢想的毅力！」

為什麼不給自己的生命一次機會呢？沒有努力的夢想永遠是空談，努力過的夢想，會讓我們的眼神發亮、生命有光！

不論你的夢想是什麼，只要你在現實裡找得到出路或曾經有人做過，它都非難事，重點是你有多想要它呢？你渴望達成的指數從零至一百分，有幾分呢？別光是胡思亂想，藉口逃避眼前的困難；如果你不是，請用行動證明，請用努力讓自己更明確自己所要的！

「你敢夢想，又鍥而不舍，你就得決定你的命運！你不敢夢想，當然不會有行動，命運就決定你的一切！」

別猶豫！明確地寫下你所要的一切，愈明確，你愈容易實現！給自己一個成功的機會吧！

挫敗的聯考

我一定要考上，不論花多少年，我一定要考上！

全力以赴！

高職的三年是我生命旅程中最光彩的一段，但成績始終低空飛過，甚至有幾科補考兩次才過關。三年級時，一邊準備大學聯考，一邊要應付學校考試，成績都是驚險及格，因近畢業報考熱季，我到教務處詢問大學報考事宜，沒想到我的舉動，引起教務處老師的騷動。

「考大學？」

「你是哪一班的？叫什麼名字？」

教務主任知道我的名字，哈哈大笑，嘲諷地說我能畢業就不錯了，要我別浪費報名費。我心裡很清楚，我第一次只是考個經驗，目標放在第二次的考試，當然，教務處的老師還是特地為我領了表、報了名。

高職的畢業典禮，學校特別頒了文藝獎給我，對我而言這是很大的肯定，我也似乎鬆了一口氣，「總算讓我畢業了！」要升學的同學都報名二專，我是唯一考普通大學的。畢業似乎就是分道揚鑣，各奔前程，我畢業典禮結束並沒有立即離開，而是獨自一人將廣大的校園走了一圈，還特地繞遠路走正門離開。站在校門口，有種即將展翅單飛的感覺，內心有些興奮，即將朝自己的理想飛去；也有些落寞，天地之寬而我必須孤單獨行，而且前程仍在未定的渺茫雲霧裡。我告訴自己，就努力這一年，就努力這一年吧！

大學放榜了，落榜是可想而知的，我回到學校取成績單，教務處的老師還開玩笑說：「好像有考上哦！」然後拿起我的成績單笑著說看錯了，差一點點，再努力一點就考上了。另一個老師像演雙簧地問：「差幾分？」然後，表現誇張地說：「差兩百多分而已！」我接受他們的嘲諷，刻意面無表情，默不作聲地拿了成績單就離開學校，在離開校門前，我立下誓言，我一定要考上，不論我花多少年，我一定要考上！那一剎那，因成績欠佳被人輕視的屈辱又再次湧上我的心頭，

我把生命的任何作為都看成轉捩點，集中所有精神，全力以赴！

我一定要在大學聯考上討回來！我激勵自己，一定要全力以赴！

爸爸在我準備離家到台北補習前，特別和我談了許多話。他告訴我，像我這個年紀，他加入了日本海軍的神風特攻隊，駕駛自殺飛機，當時年輕，加上老師、教官的鼓勵，讓他至今仍不能忘記的是他們每次出勤、訓練，必重複觀看日本天皇的訓勉影片，每次日本天皇講完話，都在最後說：「日本存亡，在諸君一念之間，望諸君全力以赴，照耀日本的光榮！」爸爸告訴我他的生命態度——把生命的任何決定、作為，都看成生命的轉捩點、重要的存亡關鍵，集中所有精神，全力以赴！

「阿偉，你的命運，就在此一決。全力以赴，創造你生命的光榮吧！」

離家的那一刻，我像是神風特攻隊的戰士，就在這一年的努力！全力以赴！全力以赴！

努力和期待又落空

我參加了補習班，就住在大姊家。大姊那時正就讀碩士班，我常隨大姊，假日在羅斯福路的師大分部讀書，每天的生活都是規律而緊湊。由於未學高中課程，每一個科目都十分陌生及吃力，一年要讀高中三年的課程，而且要贏過百分之八十以上的人，才有機會考上，我一定要比任何一個人更用功及努力才行！

補習班是要求很高的地方，雖然英文在高職三年不曾放棄努力，但以補習班的高標準要求，我跟都跟不上，每天規定背五十個單字、五十個片語，剛開始我還努力以赴，後來發現這只是徒勞無功，基礎能力差太遠了。數學更慘！除了排列組合稍微懂一些，其餘的根本有聽沒有懂！但我的想法是讀多少、算多少，經過了半年的努力，對高中的地理、歷史、國文、三民主義稍有些概念，但離完全了解還有一段遙遠的距離。大姊看我把自己逼得太緊了，要我學習放鬆腳步，殊不知，放鬆腳步對我而言，卻是件更困難的事，我身上背負著的是自己的理想及自幼成績欠佳的屈辱，這次的考試是否考上，是那麼重要！過年我也除夕下午回到家，初一一大早就再回台北讀書，因為大姊那時住考試院附近，仙跡岩有個圖書館，我大年初一就在仙跡岩的圖書館讀書，山下的過年和人聲鼎沸，上山求神拜拜的人，好像都與我不相干。

「我要考上！我一定要考上！」

經過了近一年的努力，補習班的幾次模擬考，自己的實力還差考上甚多，聯考前只祈求能上最後一個志願——文化哲學系。考試時可能太緊張了，頭腦一片空白，考完了核對一下考場外的解答，心裡大概知道這次又沒考上，大姊建議我考一下三專，但我卻極堅持，如果這次沒考上，我還要再拚一年！

果然如我預料，三百三十分是最低錄取標準，我差了一百多分，英文、數學個位數，我早已有心理準備，大姊看到我的成績單，卻忍不住哭了出來——

「阿偉！你那麼用功，成績怎會這樣呢？」

看到大姊哭，這一年的努力和期待落空了，我忍不住心酸，也嚎啕大哭了一場，我大聲地喊著：「我要再來一年！」

爸爸的堅定支持

原本擔心服兵役問題，經爸爸找人問兵役課，兵役課說我抽的籤是陸軍第一特種兵，三年的役男過多，而且我的籤在很後面，明年七月調到可能性不高，但是為了保險起見，爸媽代我填了緩徵申請。爸媽對我沒考上，似乎沒什麼意外，爸爸在我回家時，要我陪他去山上散步，在傍晚的田野間，父子沉默走了好長一段路，我忍不住先開口：

「爸爸，對不起，花您們那麼多錢，卻沒考上。」

爸爸嘆了一口氣，輕鬆地笑了，他拍拍我說：「阿偉，不是錢的問題。你下定決心要考大學的精神，阿爸很敬佩，阿爸擔心的是你再努力一年，如果還是沒考上呢？」

我毫無猶豫地說：

「當完兵再考，考不上，半工半讀一直到考上為止！」

爸爸似乎放下了心上的石頭，隔了一會，他緩緩地說了一段他自己成長的故事。

他國小畢業時，日本老師推薦他到日本去讀初中，但繼祖父堅決反對，要他留在家鄉讀書，並協助事業。爸爸是個孝順的孩子，不敢用強硬的態度爭取，就跪在繼祖父房門口，整整跪了一個晚上，繼祖父看了也實在不忍心，雖然生氣，最後還是讓他去了日本。然而，一個人隻身在日本求學也是一段艱苦的歷程，當時因為日本即將戰敗，所有的物資都集中運往前線，爸爸簡直是在飢寒交迫中讀完初中及專科，不過，他不後悔，因為他的這一生都在為自己的堅持而努力，使他的生命有了豐富的色彩！

那天，爸爸和我坐在山坡上，看著沉落的夕陽，父子雖然未再對話，但我很真確地聽見，爸爸堅定的支持力量！

「阿偉，無論你要做什麼，爸爸都永遠支持你，勇敢地去吧！」

我也相信爸爸感受到我的內在語言：

「阿爸！感謝您，我也會永遠珍惜您的支持及鼓勵！」

BEST 看見自己

事情沒有好壞，只有想法不同

在生命旅程中，每有和自己預期結果不同的事發生，我都清楚地告訴自己那不叫「挫敗」，而是成功路上的小小擦撞！

有一句話說：「失敗的人是因為不知道他離成功有多麼近，所以，放棄了繼續努力。」另一句話是：「成功者永不放棄努力！」

在生命陷入谷底的剎那，再好的名言都是無效的，最有用的方法是，檢視你所用的文字——是「失敗」、「痛苦」、「沮喪」、「傷心」、「失望」……還是，「還好！我的努力進步了一百多分！」、「謝謝上天，多給我一次努力的機會！」、「太棒了！人生多了一種不同的滋味！」

別人可能會當你神經失常，但你的注意力是正向的，你得到的結果就是正向的。

事情沒有好壞，只有想法不同而已。

當你的臉面對陽光，所有的黑暗將拋之腦後！不要問：「我為什麼失敗？」而要問：「我如何才能得到我要的？」

永遠積極正向思考，即使再來的是更大的挫敗，也是一樣，永遠面對陽光！

Part 3 看見自己的天才

等待何時是阮的天

我絕不放棄努力！

第三次考大學

聯考放榜的結果一出來，我便回到補習班，表明要再補第二年。班導師正忙著招生事宜，知道我的決心，便替我向班主任要求最大的優惠折扣，於是我參加了八月開課的保證班。

有了第一年的基礎，第二年讀來就輕鬆多了，對老師上課講授的內容也比較有概念，能聽懂了，我覺得再經過這一年的努力，自己應該能夠錄取，只要最後一個志願，讓我上文化大學哲學系，我一定會在大學生活中展現我的才華及光芒。我默默地祈願，我也讓上天看到我的付出及努力。為了振奮自己，不論天氣多冷我都必定洗冷水澡，為了讓自己保持最佳狀況，固定每天早上都吃營養麥片粥及運動。我比前一年更加用功，整年中幾乎沒有任何一個假日，我訂立了嚴謹的計畫、讀書、測驗、反覆的練習，我相信勤能補拙，我笨我就比人用功。過年時，我原本不想回家，在大姊的懇求下，我人雖然回到家裡，但心卻仍放在功課上，我知道，我不能錯失任何一個可以努力的時間，所以，初一的一早，我便又搭早班車回到台北，繼續埋首仙跡岩的圖書館。我爬到山頂上面對山下大叫，眼淚忍不住泉湧而出，又一年了！蒼天有知，我這麼努力，請給我一條路走吧！再考不上，我自己都不知如何再走下去！

我這段期間，一直都理接近光頭的平頭，揹高中的帆布書包，每次在公車上，看到大學生，內心既羡慕他們，也有些嫉憤。為什麼？為什麼滿口粗俗，談的都是玩樂的他們，卻能擁有老天給他們的機會呢？為什麼老天卻獨獨忽略了我，而沒有把這份幸運給我呢？不行！我一定要考上，我一定要做一個不一樣的大學生！

聯考近了，可能是過度的焦慮，我頭痛的頻率比以前高，胃痛也不時來搗蛋，但我不把這些當作一回事，仍緊密照著我的複習計畫逐一地進行，幾次模擬考的分數也都在錄取的邊緣。補習班導師鼓勵我，以這樣的程度考上應該沒問題，我帶著必勝的決心，參加了第三次聯考。也許是我太緊張，考前上吐下瀉，考試當天全身有些虛脫，第一節考國文，正專心在寫作文，監考老師從背後猛力抽走我的墊板，讓我整個思緒受到很大衝擊，接下來的考試也覺得不順暢，一天考下來，我感到心灰意冷，直到對了答案，才又拾回了一點信心。第二天考試比較順利，算算成績，只要作文及三民主義申論題不要出差錯，而今年分數不要提高太多，應該很有希望！

老天爺真的看見了嗎？

放榜時，看到成績整個人都癱了，作文九分、三民主義申論題七分，其他科目都還好，但那年分數因英、數比較簡單，提高錄取分數將近二十分，我差最後一個志願四十幾分。我全身冒冷汗，顫抖不已，大姊見我面無血色，嚇得不知該如何是好。我有些暈眩地扶坐在沙發上，冰冷的臉突然被滾熱的液體滴到，我驚嚇了一下，看見大姊紅著雙眼、淚流不止，我突然有一種感動，大姊十幾年來陪我走這段成長之路，我多麼希望這是一張能夠報答她辛苦的成績單！我不知該說些什麼，哽咽地從喉嚨裡擠出：

「姊——對不起！我沒考上！」

「阿偉！——」

大姊抱著我的頭，姊弟忍不住相擁痛哭起來！

「老天為什麼要這樣對待我？」

「我不懂！我不懂！」

也不知哭了多久，我擦擦眼淚，擤一擤鼻涕，想到了自己曾立下的志願和決心，我深吸一口氣告訴大姊：

「大姊，我當完兵，還要再考！」

大姊也不知該怎麼說我，自己也擦擦眼淚、鼻涕，拍拍我的肩膀，告訴我：

「阿偉，你總有一天會考上大學的，你的努力，老天都看到了！」

聽大姊這些話，我又忍不住心酸。

「老天爺！你真的看見了嗎？」

我收拾了行李，隔天就回大溪。爸媽沒說什麼，我也不想談這件事，不是把自己關在房間，就是一個人跑到山裡散步、吼叫，內心還是非常不平，老天爺究竟要怎麼折磨我，才願意為我把大學之門打開呢？

扛水泥當磨練

由於心情不佳，我就到桃園看電影，在回來路上遇到高職同學，聊了一些近況。他在等當兵，目前在做水泥工，知道我又落榜，便問我要不要一起做，鍛鍊一下身體，順便賺點錢？我當時四十六公斤，對自己的體能實在沒什麼信心，但他鼓勵我，說他剛開始的兩個禮拜，早上身體都痠痛得爬不起來，不過，只要捱過兩個禮拜以後就什麼都能做了。聽他這麼說，我也決定好好磨練自己一番，就答應他的邀約，和他一起去做水泥工。

上工第一天，水泥師傅要每一個做學徒工的，扛水泥上三樓。我看大家都輕而易舉地扛了就走，但水泥才放到我肩上，我的腳就有些站不住了，不過為了面子，我咬著牙，非扛上樓不可，然而，有些事還真的不能太好強。我勉強地走上樓梯，還走不到一半，腳一個沒踩穩，連人帶水泥全摔跌在地上，把大家給驚嚇到了，趕緊跑來看我有沒有受傷，老闆也趕了來，一看我沒受傷，便拿了一百元給我，要我坐車回家。我誠懇地請求他，讓我不領薪水工作，等我有能力達到要求時，再付工錢給我，老闆看我那麼誠懇，再加上帶我的師傅向老闆求情，我被留下來了！

就這麼勉強地工作了一個早上，中午吃飯時，拿便當的手，手指竟然發抖乏力，腰也痠痛得挺不直，我知道這是磨練的開始，也是最難熬的一段過程。我咬著牙撐完一天，回到家，爸媽看我累癱的樣子，很捨不得，要我別做了，但我很堅定，因為我相信，如果現在不趁這個機會磨練一下，將來會很難適應軍中生活。我決心要比其他人勤奮，絕不能讓老闆看輕我，我不僅要做，而且每天都要提早一個小時到工地做準備。

第二天，媽媽依時間要叫我起床，發現我醒不過來，但又不敢不叫我，她事後告訴我，她淚往肚子裡吞，真想替我去工作！

我一個人到了工地，先用揹的，把這一天要用的水泥揹上樓，沙子挑不動，就挑少一點，其他人到時，我差不多都做好了準備，我開始學和混凝土、送磚、送土，到收工時雖然全身仍然痠痛得不得了，但內心覺得十分充實。

這樣做了兩個禮拜，扛水泥、挑沙，已經駕輕就熟了，老闆不僅給我薪水，還多給了我一百元，獎賞我的勤奮。

但我依舊每天提早一個小時到，花半個小時完成準備工作，之後多餘的時間，我就坐在工地看些閒書，記得當時我正好在讀柏拉圖的《理想國》，想到了國中、高中的分流教育，及大學聯考用考試來篩選人才，內心十分不平。我不斷問自己，難道甘願一輩子，就這樣被篩掉成為次等公民？我絕不同意！而我也絕不放棄努力！

這是磨練的開始，也是最難熬的過程，我決心要比其他人勤奮。

愛拚，才會贏！

有一天，正好領薪水，又遇到拜拜，我和其他兩個學徒都受邀至老闆家用餐，大家都很高興地喝酒、唱歌，我的同學一時興起也高歌一曲——〈杯底不要養金魚〉，他唱完了，我不知為什麼很感動地流了眼淚，要他再唱一次。我從小都不曾這樣豪放地唱歌，我就跟他大聲地唱，當唱到最後一句——「等待何時是阮的天」時，我忍不住心中的情緒，放聲大哭，把大家都嚇一跳。

當我的同學向大家說明我三度落榜的委屈，帶我的師父，拉著我的手一起合唱〈愛拚才會贏〉，我幾乎用嘶吼的聲音和著眼淚，把這兩年來所受的不平，全傾洩出來，每個人幾乎都紅了眼眶和我擁抱，並祝福、鼓勵我，當完兵一定把公道討回來，在哪裡跌倒，就要有志氣在哪裡爬起來！

回家的路上，心裡有一種被洗滌的清爽。

大學聯考！你等著，三年後，我將得到我所要的！

看見自己

走下低谷，才能登上高峰

回顧這一段全力以赴地拚，卻沒得到自己所要的，內心的痛楚，翻湧而起，但隨即被後到的如願所沖淡。每一個人都期待，上天看見我們的努力，給我們一個公平的結局，不過常事與願違，老天不是在開玩笑，因為祂準備了更豐盛的禮物，在下一片刻等著我們，「永遠都不放棄努力！直到得到我所要的一切！」上天一直睜亮眼看著我們是不是能再堅持下去，再決定要不要給我們這份禮物！

生命的美好，來自曾經痛過、苦過，曾經在生命的谷底掙扎過。甘甜和辛酸是比較的結果，愈苦澀的經歷，愈能在最後嚐到甜美，當我們在生命的低潮時刻，生命最易有感動的樂章，會在彼刻譜寫完成！生命的亮麗是從最黑暗的幽谷透出，珍惜它吧！它是生命中最珍貴的禮物！

部隊的洗禮

當兵那兩年，是我生命中最悠閒，並永難忘懷的一段時光。

身體受拘束，心靈卻是自由的

九月中，我接到了入伍通知，懷著一顆既害怕、又期待的心，我開始接受軍隊的洗禮。因營地就在大溪附近，爸媽親自送我到營區，媽媽一直捨不得離去，看我著好軍裝、理了頭，直到被催促，才含淚離開。媽媽一直擔心我受不了軍隊的磨練，而我因為經過了水泥工的考驗，對自己的體魄充滿了信心。

但入伍訓練的緊張，仍然讓我花了一小段時間去調適。前幾週幾乎沒有自己的思想時間，在第三週開始，早上環境整理，才仔細地注意到營區的環境。在中心，所有時間都被安排得異常緊湊，甚少有個人時間，我把書撕成一頁一頁，隨身攜帶數頁，有空就讀，並隨身帶著小筆記本，記下生活的片刻想法，身體雖受約束無法自由，心靈卻有種難得的平靜與自由。

在中心的訓練，體能上都沒什麼困難，但五百公尺障礙，每次從高台跳下都會想吐、冒冷汗，臉色慘白；另一件是踢正步，也有類似情形。醫官檢查，有幾種情形，一種可能是姿勢不正確所致，另一種則可能因曾患腦膜炎損及腦部的某些功能。一開始我也不為意，繼續接受操練，沒想到在五百公尺障礙高台跳下時暈倒一次，營長校閱踢正步時又暈倒，在這之前，因為曾有新兵受訓時意外死亡，因此醫官也建議盡量讓我避免再讓頭部激烈震動，至此，我就被免除了踢正步和五百障礙高台的兩項訓練，甚至為免有意外發生，被派到警衛排站大門口衛兵，一直到新訓中心結束。

下部隊分發，我抽到野戰部隊，因中心暈倒的資料紀錄，加上姨丈的幫忙，我被分發在衛生營，當時的師長為了就近照顧我，讓我留在師部的醫務所，我非醫藥相關科系，在醫務所只能做打雜工作，平日事情十分簡單，協助醫官做簡單的護理工作。部隊沒多久就調防金門，對許多人而言，這可能是個厄運，但對我而言，在金門的兩年，反而讓我有機會把自己的身體鍛鍊起來。

每一封信，都是媽媽的關懷

我在金門太武山區服役，離市區很遠，附近也沒什麼娛樂，我每天都按自己所訂的功課表，把自己最弱的英文，從高中第一冊，復興版、遠東版，一課一課地讀。這段期間，我非常感恩我的幾任醫官及連長、輔導長，他們都給我許多支持及鼓勵，尤其醫官，都主動地指導我的課業。我在兩年期間，把三年的英文讀過一次，英文雖然仍一知半解，但閱讀的能力稍有進步。在那兩年期間，早上做完例行工作，在沒有病人情況下，我就讀書，下午固定跑步到太武山，剛開始跑時險陡的山坡都要休息好幾次，到後來都能不停地來回跑兩趟。山上人車稀少，我都打赤膊跑步，有一次還巧遇當時的政戰主任王昇將軍，他特別停車勉勵我一番。跑步回來，便隨一位體專的班長做重力訓練，我把訓練後的照片寄回家，爸媽都不相信，粗壯手臂舉著大石輪的是我！

這段時間，識字不多的媽媽為了鼓勵我，每天固定寫一封信給我，一開始是由大妹寫好，她再抄一遍，後來她就自己寫，雖然每次收到的內容都大同小異，但我仍然感動不已，當時，我還把信一一編號保存，留存到現在，因為那是媽媽對我的愛。雖然文字和言語不見得表達了全部，但每次讀信時都可以感受到她每一個字、每一筆劃的用心及關懷。這也激勵我不敢鬆懈，我有一個明確的努力目標，退伍前的那次聯考，我一定要考上！

我很幸運，在師部服兵役的弟兄，幾乎都是大專兵，甚至好幾位有碩士學歷，我遇到讀書上有任何困難，他們都不吝給予我指導。在金門這兩年，也是我生命中最悠閒的一段，每天吃完晚飯，幾個好朋友便坐在太武山的花崗岩上，看著彩霞、看著廈門的河山，當時的我常想，究竟是什麼樣的理由，讓人與人之間要互相對立，彼此仇敵呢？此岸彼岸同文同種的血肉，一顆子彈打過去，很難不打到和自己有親戚關係的宗親。我們看著落日，都有著共同的祈願，永遠都不要再有戰爭，兩岸能共為後代子孫福祉而努力！

相遇是我的幸運

為了激勵自己，在金門這段期間，不管天氣多冷，我都在露天沖冷水。印象中有一次寒流來襲，溫度只

●當兵時，幸運獲得許多貴人相助，鍾維政醫官便是其中一位。

有五、六度，我的醫官隔著玻璃窗披著毛毯，看著我將冰冷的水從頭上澆下，一股蒸氣從我身上發散，知道我是為了激勵自己。他感動於我的決心，決定用他任內的時間，把能教我的功課全數教我，這位醫官現在是台中最負盛名的胸腔專科醫師鍾維政先生。他也和我分享他自幼不能如其他小朋友般的玩樂，整天為了考上理想學校努力、再努力的經過，影響我很大。

另一位照顧我甚多的是巫希亮醫官，他現在是高雄的名眼科醫師。他為了協助我英文寫作，鼓勵我用英文每天寫日記，以英文九百句型，一天用十句練習描述一天所發生的事。他每天都花許多時間逐句幫我改，雖然，後來我聯考作文零分，但他教導我的用心，永銘難忘。

我的另一個幸運，是我在部隊中遇見的長官，都是以身作則、以心帶兵的好長官。在金門過了兩次春節，都讓我記憶猶新，師長在和我們聚完餐後，發表談話，他說不管再冷，他也絕不戴手套，因為他到工地看工兵的弟兄凍得手都磨破了，還沒休息，他身為這些弟兄的長官，竟戴著手套還覺得冷，於是他把手套送給了那位弟兄，從此視察、督勤也不再穿大衣。他還說吃完飯後，他將要到最前線的崗哨陪弟兄過年，這些愛兵如子的談話至今仍在耳際迴盪。

除此之外，連上的連長及輔導長，也都很照顧我。其中一任連長，讓我永生難忘，他帶我們的那一個時期，是三年中，我們連上士氣最高昂的一段，不論是趕工事、參加戰技，每個人都奮力以赴。我常想，如果不幸發生戰爭，我會毫不猶豫地以自己的生命去保護這位連長，他是陳福煌先生，現在已退役做生意。我覺得這樣的人才，沒機會升上將領為國家做更多事，實在可惜。這些長官的典範，我不僅由衷敬仰，更是我待人處事的學習對象。

還有位士官長一直待我如自己孩子，他是張福棟先生，雖然他是個山東人，卻沒有高壯的體格，偶爾也會脾氣欠佳，但他對我的照顧無微不至，退伍後，我們還保持聯絡。他住竹山，我結婚時，不捨他老遠趕來喝喜酒，所以沒有通知他，這事後來被他知道，在電話裡整整罵了我三十分鐘，所有難聽的話都傾巢而出，我被罵得眼淚直流，他的率真個性，我感受到一股難得被重視、關心的暖流。

最沉痛的一刻

因為我當的是三年兵，最常經歷的莫過於看著人進來，不多久又得為他送行的事，但最令我難過的，還是弟兄因喝酒鬧事，被判處死刑的事。那次的事件，軍隊裡的長官為了整肅軍紀，部隊中所有頑皮的弟兄，全數應邀觀禮，我雖然不在頑皮之列，但仍必須隨醫官去勘驗死刑之執行。當天凌晨四、五點，大家都集合在靶場，灰沉的破曉前時刻，氣溫很低，我冷得直打寒顫。在執行死刑前，師長親自訓話，要弟兄引以為戒，勿再觸犯軍法，更重要的是勿再違規飲酒，執行

長官們的典範，我不僅由衷敬仰，更是我待人處事的學習對象。

前，執行憲兵拿酒及飯給受刑人吃，他們三人吃了飯，但拒喝酒，原因是喝酒誤了他們，然後，我第一次親眼看著活生生的人，在我的面前被槍打死！

後來有機會在台北看守所實習，也見過槍斃的執行，心中不只是震驚，更有一種說不出的沉痛。人為惡受到懲罰是應該的，但以這種嚴厲的手段真有必要嗎？若能讓他們奉獻餘生智慧及勞力，補償被害人或社會，是不是更有實質意義呢？

但這樣的經驗，畢竟仍有些嚇阻作用，一直到我退伍，印象裡好像沒再發生重大違紀傷害事件，如果是這樣，他們三人的死，或許也有些教育價值！

BEST 看見自己

多給自己一些機會

有許多人對服兵役，多少都懷著畏懼及逃避的心態，但對部分服過兵役的人來說，這段生命中短短的兩年、三年，卻有著許許多多敘說不完的回憶。

生命的精采來自勇於夢想和嘗試，因此，如果不是有體格上的原因，或身體上的限制，一個男孩子為什麼要錯過這個會讓他成為一個頂天立地男人的洗禮呢？

對一般人來說，兩、三年也許可以賺進一、兩百萬，也許可以讀完一個學位，但往往在我們的生命中，有太多個兩、三年是平淡、空白地流過，既然如此，為什麼不讓生命多一些不一樣的經歷，豐富我們的生命呢？

人生多滋味！只要事情不傷害或困擾他人及自己，何妨勇於嘗試呢？天地之寬，為什麼每天都局限自己在固定的道路上？給自己多一些機會，生命會因為這樣而豐富起來的。

你喜歡什麼？你對什麼有興趣？這都很好，但請別只做你喜歡及有興趣的事，只要你開始嘗試做你不喜歡，而又沒興趣的事，你會發現生命的驚喜及禮物！

失戀

不用和失戀的人多說道理，只要靜靜地陪他（她）們走過這一段。

青澀的初戀

高二時，我認識了同學的妹妹，成為男、女朋友，在此前我也曾暗暗欣賞過女同學，甚至寫信追求過，但都沒有結果，這次是我生命中第一次真正嚐到戀愛的滋味，而且長達七年。是否該寫出這段塵封已久的故事？我猶豫了許久，雖然我內人了解這段戀情，但我仍有些擔心，一旦寫出來，是否會為她及她的家人帶來困擾？然而，事隔三十餘年了，所有的人、事、物都已經模糊不清了，再三考慮後，決定寫出來，希望能夠讓讀者對兩性的交往及夫妻間的相處有些幫助。

一個人會與另一個人發展出戀情，全都是偶然的機緣。我和我同學感情很好，他有兩個妹妹，一個國二、一個小學，國二的妹妹成績好，又長得清秀可愛，由於我對成績好的人，一直有種莫名的自卑感，總覺得高攀不起，所以也從來沒有想過，有一天我們會在一起。然而，或許真的是有緣，有一次，期末考完了以後，大家相約要到大溪划船，我同學自然也帶了他妹妹及他妹妹的同學一起來，大家隨機分派，兩人一船，剛巧我和她同船，那時我狂熱於文學、哲學，充滿了對生命的熱情，再加上年輕對異性的驅力，讓生命激出熾熱火光。當然，初開始並不知道自己身陷熱戀漩渦，從通信訴說自己的理想，要從思想上為人類找到偉大出路的抱負，到表達自己一定要考上大學的決心，戀愛讓我充滿了想像力及活力！

每日一信的寄託

這段戀愛發生在我生命的轉折點上，由一個書讀不會、自卑怯弱的男孩，到寫作上受肯定，而成為抱有雄心壯志的男人，我對很多事情都充滿著狂熱，卻仍找不出自己明確生命的出路，而她是當時我唯一的傾聽者。但我並沒有因交女朋友而影響我要做的事，我仍然為了考大學而積極地做著準備；之後，我聯考失利，她也因高中聯考不順，而就讀私校，後來又因故輟學。我入伍時，她重讀高中，在部隊裡，我把信當日記寫，每日一信，並附上編號，她大概每三封信回一封。當我移防金門，等待她和媽媽的信成為生活中莫大的寄託，也是激勵我持續努力向前的最大力量，那時，我們有著共同的夢想——等我退伍後，一起上大學。

在金門服兵役滿一年，休假回台灣，坐十幾小時的軍艦，初下高雄港聞到汽車排油煙味竟是一種幸福的氣味，內心第一個念頭就是打電話聽聽她的聲音。那七天休假也是這段戀情的最高點，我們幾乎每天都黏在一起，一直到最後一夜，我陪她去上夜補校，並接她回家，就在台北後火車站的情人咖啡座，我們火熱擁吻。這一夜，真期待它是停止的。清晨我就要遠赴金門，心中有萬般不捨與不願，送她坐最後一班火車回中壢，我特地買了月台票，看著她直到火車消逝在盡頭，才獨自返家準備隔日的報到。現在回想起來，記憶中，好像所有的情歌都喜歡描述月台的送行，被送行的通常是男孩，送的都是女孩，而且那是這段戀情的離別曲、終止符！

讓真愛自由

我回到金門，繼續我規律單純的生活，每天我依舊寫信，開始半年一切如常，但半年後她回信愈來愈少，最後一連幾週都未收到她的信。剛開始是擔心，後來因為當時金門與台灣並沒有可以直撥的電話，只能透過媽媽去了解她的狀況，但每次向媽媽打聽時，媽媽總是安慰我說她忙，所以，沒寫信給我。但我似乎有預感她可能另結新歡，雖然她再也沒寫信給我，我仍寫了最後一封祝福的信，至今我仍依稀記得，我這封信的大意：

「愛，如果是真愛，就應該讓妳自由。如果妳是屬於我的，妳會回到我身邊共度未來；如果妳不是屬於我的，我也應該用我最真誠的祝福，祝福妳擁有生命的美好！祝福妳得到真正的愛與幸福！」

對我而言，祝福她是最好的選擇。七年的戀情並沒有在此了結，我移防回台第一次休假，在電話中表示希望能見她一面，並希望取回我用心寫的信，她答應見面，到她家，她隔著鐵柵門，默認她已有新的男友。我取回我多年寄給她的信，給她我最誠摯的祝福。不論她愛的是什麼樣的人，我都永遠祝福她擁有愛和幸福，只因她是我深愛、真愛過的人，我也篤定地告訴她，我絕不會放棄考大學的努力，終有一天，我會讓砂礫中的玻璃珠，淬鍊成稀世鑽石！

鬱卒，找不到出口

雖然是灑脫的分手，但在往後的幾個月中，心中仍不知為什麼有一種難以忍受的煎熬失落——我是被選擇、淘汰的嗎？鬱卒的心找不到出口！軍中弟兄陪我喝酒解悶。假日，我曾獨自一人參訪附近的慈雲寺，沉澱許久的出家念頭，又翻湧而出，我自己都不明白在痛苦什麼，整天心神不寧，焦躁不安，雖然早在半年前就已預做了準備，卻依然無法瀟灑自處。在這段期間我學會了抽菸，沒想到一抽，就抽了十年，一直到遇到我現在的太太時才戒掉。

不過，生命中有幸有這段經歷，我後來從事青少年輔導工作，每遇到感情受挫的孩子，見到他們神魂不定、痛苦難安時，我都不會和他（她）們多說任何道理，只是靜靜地陪他（她）們走這一段路，因為我知道，時間會過去的，生命會在這些挫傷中成長的。男女間的愛情，自古以來都是那麼奇妙而引人入勝，雖然所有的故事，都是以王子和公主從此過著幸福美滿的生活為終點，但事實上，一切的學習應該從結束戀情，進入婚姻開始，「愛」與「被愛」看似容易，卻是只有少數人能修得的功課。

最珍貴的禮物

從那天開始，我們再也沒見過，直到一次很偶然的機會裡，我在辦公室裡接到她的電話，她問我恨不恨她？結婚了沒？我心中從未有過怨恨，因為如果是真愛一個人，不論我們受到什麼樣的創傷，給對方的應該是最大的祝福！我並未多問她過得如何，只是淡淡地表達了我內心裡對她永遠的祝福。

這麼長時間的努力，證明了我是顆晶鑽，並不是為了向她炫耀或讓她懊惱，畢竟她的選擇她自己會負責，也會珍愛她自己的選擇，而我的努力是為我自己的生命在努力。我期待生命中什麼結果，我就必須在土裡栽下什麼種子。

無論如何，在生命旅程裡，感謝她曾經愛過我，也曾經讓我愛過，夠了！這七年戀情結束，又經歷了數年的波折，經由林麗珍老師的介紹，我認識了我現在的太太。林老師從國中一年級陪我成長至今，她送給我生命的禮物無數，陪我走過的生命無數，於我而言，最珍貴的禮物——就是讓我擁有知我、惜我、等待我成長的另一半。生命中什麼是真正的幸福，都沒有一定答案，林老師常教導我的就是——「珍惜你所擁有的，擁有你所珍惜的！」因為任何擁有都非「應得」的，它都是生命旅程上的驚喜及禮物！

BEST 看見自己

珍惜擁有過的幸福

你現在擁有什麼樣的幸福呢？

也許有許多你期待而未得的，但你必須珍惜現在你手上、身邊的擁有！生命的美好，不在多得、占有什麼，而在我們是否珍惜我們曾經擁有的。

讓愛自由吧！如果你的愛是真愛，讓愛化成祝福。愛不是占有，愛應是永恆的祝福，永遠都祝福對方擁有最大的美好和幸福！愛會依附在最適當的位置，而你會在生命旅程裡，擁有你自己的幸福和美好。

珍惜擁有！性只是愛的過程，而婚姻不是愛情的墳墓。不論我們現在擁有的是什麼，都用珍惜的心滋潤它吧！

任何的失去，都不是真正的失去，而是另一種獲得，不適合在一起的人勉強相處，不會有愛發生的，沒有結果是另一種祝福，在未來某個點上，我們會感恩我們的失去和白走一遭。

生命是個經歷，任何事件、遭遇，未必對未來有價值及意義，但它卻豐富了生命的旅程。珍惜它吧！即便是一段殘破不全的愛情故事！

我考上了

媽媽說：「他要考，我就想拚老命，拚二十年去讓他考。」

信心十足的考生

靠著連上弟兄們的幫助，我很快地走出了感情受挫的陰霾，重振旗鼓，準備第四次的聯考。由於我十月退伍，依規定，退伍前可參加聯考報名，辛苦準備了兩年餘，我比之前更有信心，由於教科書有修改過，我重新買了一套教材和參考書，重新開始加強自己。數學方面，因為基本的四則運算對我仍有困難，我決定放棄努力，但英文在醫官的教導下，多多少少增加了些信心，我決定以最後半年的時間，全力衝刺第四次聯考。

部隊調回到台灣後，任務就不再像金門那樣單純了，除了經常有演習外，巡迴醫療、裝備檢查、戰技測驗也不定時地會舉行，所以，我只好利用晚上和假日來讀書。所幸在醫務所，事務尚簡單，連長及醫官都給了我最大的鼓勵和支持，除了固定的操課外，下午四、五點我們通常會相約慢跑，每次都跑不同路線，幾個月下來，所有的山間產業道路都被我們跑遍了，體力、精神都達到顛峰的狀況。我參加了第四次聯考，連長及醫務所的弟兄，都全力配合及支持我，讓我在考前就休了兩天假，好準備考試；大姊見我信心十足，更是高興和充滿了期待。就這樣，我在大家期待下參加了聯考。

考試時，覺得一切都很順暢，心中也篤定是該考上的時候，考完回到營區，對了答案，心中更是雀躍著，倘若成績沒有太大變動，這次應該是確定考上了，而且說不定有機會可以選擇輔大的哲學系！

竟然差兩分落榜！

等待放榜的期間，內心充滿著歡喜，軍中的好朋友也約定考上要請客。放榜當天，我多次急著打電話回家問結果，一直到下午收到成績單，大妹要我別難過，差兩分，複查可能還有機會。

「差兩分？」

怎麼會呢？我算過成績，作文多算五分，三民主義申論題多算了五分，數學、英文都稍微高估了幾分，即使如此，文化哲學系，也應該會上啊！我手裡拿著話筒，一句話都講不出來，由於感情受挫，一直期待考上可能填補內心的挫敗感，沒想到雪上加霜。

當天晚上，幾個好朋友為了安慰我，請我吃飯喝酒，我可能心情欠佳，喝酒喝太猛了，喝得爛醉，第二天早點名都爬不起來。連長來看我，當我是生病，還請人幫我帶早餐，他看到我像鬥敗的公雞，就坐在我床邊和我聊起天來。

他說他也是聯考失敗者，被任將軍的祖父押著讀了軍校專修班，畢業還不及下部隊，又被祖父帶著考入陸軍官校，一輩子最遺憾就是沒好好參加聯考。他半開玩笑地問我，我要替他再考一年，還是要被以酗酒名義送禁閉室？

「我要再考！」

他告訴我，再考一定會考上，以今年的成績，再加上退伍軍人加百分之十，有機會上台大哦！

只有努力用功是不夠的，還要有強健的體魄。

第五次考大學

有這些好朋友的鼓勵，我下定了決心，考第五次聯考。尚未退伍，我就預報了秋季的補習，退伍隔天辦完應辦的手續，我直接向補習班報到。要上台大就要先親近台大，我選了台大旁邊的補習班，大姊家已從辛亥路搬到了師大路。經過三年軍中洗禮，在補習班我成了「大哥級」人物，和小我四、五歲的弟弟妹妹一起用功。

由於已有多次考試的經驗，我了解到光只有努力用功是不夠的，還要有強健的體魄。我每天都固定運動上健身房至少一小時，為了讓自己保持警覺，我仍維持每天的冷水浴，寒天裡我也很少著厚重衣服，健康狀況達到了最佳狀況。在這段期間，我的想法開始有了一些變化。

我思考著自己未來的方向。哲學是我的最愛，但哲學只是思想，若要對社會、國家，乃至世界有幫助的應該是教育，所以，我改變了志願，以上師範大學為我的目標，我也多次行經路橋看著往來的車輛，仰望夾在大廈間的天空，向天祈願——

「如果老天給我上師大的機會，我將終生自願留在偏僻的學校，奉獻我畢生心力以報答父母、老師及幫助過我的人！」

我考上了！我考上了！

一九八四年，我參加了第五次聯考，因為有多次考試經驗，再加上七年的準備，有一種興奮、期待的心等著考試的到來。我知道，也有信心這次無論如何都會考上，只是能否如願考上師範大學而已。考完試，對完試題，我知道，我考上了！能否上師大，決定在非選擇題的作文、申論題和英文作文三個地方。放榜那天，大姊比我還緊張，特別排開所有的事情，在家陪我等成績單。

收到成績單，考上了！可是非選擇題總分將近一百分的分數，我拿不到二十分，有些失望。我拿成績單給大姊看，大姊看到成績知道我真的被錄取了，竟然抖動著手就哭了起來：

「阿偉考上了！阿偉真的考上了！」

我有些意外大姊這麼激動，半開玩笑地拉拉她的袖子說：

「老姊，我考上了妳還哭！」

沒想到大姊的眼淚像打開的水閘，哇一聲大哭了起來！我也被整個氣氛感染得紅了眼眶。大姊看著我，摸著我的頭，哽咽地勉強擠出話來：

「阿偉，阿姊從此不必再為你的成績哭了！」

從十歲至我考上大學，二十四歲——十餘年，大姊內心教我的重擔，此刻終於放了下來。由於

在許多人是輕而易舉的事，我卻用了將近十年的努力來完成。

大姊的話，我回想到一路走來的艱辛、顛簸，跟這七、八年來為考大學所受的委屈，眼淚決堤而下，心中真是百感交集——

「我考上了！我終於考上了大學！」

在許多人是輕而易舉的事，我卻用了將近十年的努力來完成。

登記分發，我從師大的第一個系，填到最後一個系，放榜時，我差師大公訓系十五分。考上了輔仁大學社工系，我無緣做老師！因我考上了中央警官學校，錄取犯罪防治系，在二者的取決中，爸爸提出他的看法，犯罪防治系在畢業後從事青少年輔導或受刑人教化工作，也是老師的一種，鼓勵我以此為終生職志，不過爸爸還是尊重我的選擇。最後，我決定就讀中央警官學校犯罪防治系，至此結束了我長期的奮戰。

默默支持著我的力量

回顧這一路走來的努力及不安，即使過了許多年，我仍常夢見自己根本沒考上大學，考上大學只是個癡夢，還常從夢中驚醒——問自己究竟什麼才是真的呢？通往補習班我常走的陰暗窄巷，在夢境裡竟是一條走不完的通道，大學真是窄門。後來有機會受華視《點燈》節目之邀，做了個人成長心路歷程的訪問，主持人靳秀麗小姐問媽媽：

「盧媽媽，您怎麼知道蘇偉考七年，考五次大學，最後會考上？」

媽媽竟毫無猶豫地回答：

「我怎麼知道他會考上？他要考，我就想拚老命，拚二十年去讓他考，誰知道他第七年就考上！」

他們一路陪我成長，沒想到對我的期待，只是在背後默默地支持我，滿足我的心願而已！

BEST 看見自己

幸運來自努力

我真是幸運！努力的最後，實現了自己所要的一切！

我真是幸運！我中途沒有放棄努力！

爸媽對我的期待，只是在背後默默地支持我，滿足我的心願而已！

我真幸運……

在生命裡，我有太多的幸運！我由衷地感恩及珍惜自己的擁有，以及上天對我的厚愛。祂給了我最好的父母、老師、朋友和最好的一條路。生命若能重來，我仍不悔這一切的選擇。

你幸運嗎？

我見過許多比我幸運的人，我原本嫉妒、羨慕他們，後來才明白，幸運來自更多的努力及堅持！

考上大學對許多人而言的確沒什麼，他們是幸運呢？還是他們的努力比別人多呢？我至今仍堅信「勤能補拙」、「幸運來自努力！持續的幸運，來自持續地努力！」

我至今仍積極地努力創造我生命中的幸運！

驚異的大一

在許多人尚在摸索的一年級，我便幾乎確定了未來的方向。

難關的開始

就讀警官學校是我之前從未思考過的一條意外之路。還記得在當水泥工時，我還曾在這間學校的附近工作，那時，怎麼也料想不到，我竟然有一天會成為這個學校的學生。

在我的理想中，即使無法做一名真正的老師，未來也希望能做與老師相近的工作，最主要的是能將我對哲學（愛與智慧）的熱中，實踐在工作、生活中。但由於我較喜歡自由自在、獨來獨往的生活，而警官學校採取嚴格的生活教育及學長制，因此四年的教育歷程，對當時的我而言，感覺就顯得格外的漫長。

由於我已服完兵役，不必和一般同學一樣先到陸軍官校受入伍教育，而是和女同學及其他已服完兵役的同學，一起在校接受生活教育及射擊、游泳訓練。因為人數少，男生連兩位泰籍學生也只有十位左右，前三個月生活緊湊、簡單，而當時我很期待能快點開學，趕快進入課程，畢竟我努力了那麼多年，希望能藉高等教育的歷程，充實我的知識，讓我有能力實踐夢想。誰知道開學後才是所有難關的開始！

英文繼續折磨我

一年級的英文是我最頭疼的科目，教英文的陳虎生教授對我的寬容，是我終生感激不忘的。對一般同學而言，用英文自我介紹、唸一段課文，或把課文翻譯成英文，都是件簡單的事，因為能考上警官學校的同學，有一半以上均考上國立大學，大部分都是來自各地區的一流高中，因此，我一開始上課，神經就開始緊張，深怕被老師點到要唸課文，或回答老師以英文問的問題。所以，我把課文影印，隨時帶在身上，幾乎查遍了所有的字，每天早上五點鐘就到操場大聲讀課文，下雨天或天尚未全亮就在盥洗室誦讀。在上課時，老師點我唸課文，我才唸一小段，老師就走到我身旁，我全身顫抖、舌頭打結，陳教授半開玩笑地說：

「盧同學，你的英文唸起來，怎麼那麼像德文，你是唸到哪裡，我怎麼都聽不懂？」

他要我逐字、逐句唸，並問我是不是沒學過發音？他吃力地糾正我，並帶我唸，每唸一個字，同學就哄堂大笑一次。老師實在教不下去，就要我翻譯，我結結巴巴，講得不清不楚，老師索性要我簡單地把整段意思說出來就好，我低著頭看了課本許久講不出來。老師原以為我沒預習，走過來拿過我的課本去看，不料上面幾乎每一個字不但都查了字典，還標明了音標，甚至密密麻麻用了三種顏色畫滿了重點，老師十分驚訝地說：「盧同學，你的英文程度會是警官學校的新紀錄！」

同學又哄堂大笑！

陳教授是個要求嚴格又愛護學生的老師，他要我先把拼音學好，並指導我去買音標的書及錄音帶，從頭學起。我照老師的指示，每天都比同學早起一個小時，半個小時聽音標錄音帶，然後大聲地讀，我聽學長說，曾有學長二修不過被退學，因此，我自始至終都牢記著學長的忠告——千萬不能有科目不及格。

一年級，我幾乎都在讀英文，我那麼辛苦才擠進這道窄門，怎能因為一科英文就被退學？一旦真的被退學了，我的夢想和希望不就全幻滅了！第一次期中考，我的英文成績果然是全班最低，考卷上的題目，沒有一題我看得懂，當然也不知老師要什麼答案。老師特別警告我，再這麼下去，很可能會被當，要我準備重修，嚇得我課堂上眼淚直流，我向老師懇求給我機會，期末考，我一定會補回來！

影響深遠的老師

上學期的課程，我大部分時間都在讀英文，其他科目花的時間也少，成績當然欠佳，除了哲學概論及理則學拿了高分，其餘都是低空飛過。其中理則學，我之前自己自修學過，老師考試都是一百題是非，一題一分，兩次考試我都不例外，拿了兩個一百分，這可能是我有史以來考試成績最得意的一科，班上卻有一半的同學不及格，希望我能教他們，但我也不知道該怎麼教，我都是用直覺答題。為什麼對？為什麼錯？我根本不知道。

至於哲學概論的辛意雲教授，更是給我的啟迪良多，每節課我都感動得淚灑課堂，哲學之夢，雖只能淺嚐一小口，但我已十分滿足。我一直有個心願，讓哲學的愛與智慧，能落實至工作及生活，而非只是思想、空談，辛教授的教導，給了我生命一個比較明確的方向。

由於爸爸曾經入獄服刑，讀犯罪防治系，從事受刑人矯治，對我而言成了一股狂熱的使命。一年級有幸被國內最知名的獄政專家丁道源教授教「監獄學」，給我的啟示甚大。丁教授勤於研究著作，論文發表於各大專刊，為了能全面了解丁教授的論文，我把他所有的著作製成目錄，編成索引，逐一蒐集拜讀，了解國內外的刑事政策及矯治措施，在一年級結束前，我還將所有文章依我自編的分類索引，編成七巨冊精裝本，在老師生日時獻給老師，表達對這位一代宗師的敬意。丁教授完全不知自己有如此多的著作，當然，他也不知道，他的著作及教導，在未來四年及畢業之後，如師如父地給了我生命許多指引和幫助。

在大一的另一位啟蒙老師是辛法春老師，教中國通史。這原本是門營養學分，但辛老師把它當成研究學問的訓練課程在教，她以主題引導我們如何蒐集資料、如何擬訂研究主題、設計研究方向及大綱，及如何進行研究及纂寫論文，她的用心奠定了我未來進行各類主題研究的基礎。雖然當時我沒有機會讀研究所（考了幾次均因英文未過低標準未獲錄取），但在工作及自己的專業領域上，我能持續深入研究，建立自己的專業地位，辛法春老師就是最大的恩師，因為她給了我思維的縝密訓

●盧蘇偉就讀大學時編書獲獎。照片右方是恩師——辛法春教授。

辛法春老師教給了我思維的縝密訓練，及嚴謹的研究工具。

練及嚴謹的研究工具，而不只是知識。也因辛老師及師丈顧力仁教授的共同指導，我們完成了自一九四九年至一九八七年的警政學文獻分類目錄的出版。生命中有幸能遇到明師，她所用心教導的一切，讓我終生受用不盡。

這一年，有好有壞

在許多人尚在摸索的一年級時期，我幾乎已經確定了自己未來要走的方向——了解人類的行為，給予犯罪者最有效的處遇。

短短的一年裡，發生了許多事，有好有壞，但都是記憶中的一部分。先是體技競賽我得了美技獎，但後來卻因飲酒事件被記了小過，又數度因用具未放置定位而被罰，有一次是捧著皮鞋被罰站在隊部前面；另一次是臉盆被踢得老遠，盥洗用具散落四處。在團體生活中，為使得團體有秩序及紀律，個人的差異性及感受就會被漠視，至今我仍覺得團隊生活不適合我，我仍喜歡特立獨行、充滿驚喜及創意的日子。

艱辛的一年級，仍是英文的奮戰，上學期六十分是老師同情我的努力，讓我過關；下學期我漸能習慣老師的上課模式，應該說老師也看透了我的破英文，不再指望我改善，期末總算有驚無險地過關了。原以為從此可以不必讀英文了，沒想到要被英文折磨的日子還多著呢！

生命中的美好意外

在生命中的許多努力，不論我們吃盡什麼苦頭，一旦我們達成、獲得後，我們可能都有些失落，一切美好似乎都在得到前，而想像也往往比真實美麗。也由於想像的美麗，讓我們一再向前躍進，直到我們滿足了所有的好奇和想像。

任何一門功課都可能會影響我們一生！中國通史是無關未來專業領域的，但由於老師的用心，奠定了我自修、研究的基礎。監獄學對我的未來工作是重要的，曾經有過的努力，雖未與我現在的工作有關，但由於努力，有機會綜觀學問之全貌，一代宗師之心路歷程，對我生命的方向有莫大之啟迪。珍視每一門功課，即使是人與人短暫相遇，也珍惜那份「難得」！

生命中的記憶與美好，在事件當時我們是無知的，即使是蒙羞、屈辱也無須看得太重。在生命旅程裡，都會給這些事件一個公平的評價。挫折、失敗、冤屈、污辱、毀謗……有一天我們會明白，那不過是生命中的小小意外而已。只是千萬別疏忽，而因小意外，錯失了大前途！

在人生中，任何一門「功課」，都可能會影響我們一生！

看見自己的天才

我並不是笨，而是聰明和別人不一樣！

遇見馬傳鎮老師

升上大二，原以為終於擺脫了英文的恐懼和重擔，準備好好朝自己未來的專業領域做努力，沒想到開學不久，就遇到了一件意外。

上心理測驗的教授是我們的系主任馬傳鎮教授。上第一節課，就對全班同學說，我們這一屆有一位同學英文要加強，雖未指名，但同學都會意地用眼睛餘光瞄著我，這位我久仰的好老師，當場就把我嚇出一身冷汗。我暗自決定，我一定要用我的努力來證明我的英文不是程度差，只是進步速度稍慢些而已。

馬教授習慣的上課模式是，上課前先開一、二十本參考書書單，當時，我可能是唯一一個把他開的書單裡的書，一一翻閱過的學生（因有半數以上是原文書，我根本沒能力讀懂）；後來我也才領略即使是原文書，把書名、目錄仔細讀一遍的收穫還真不小，不知詳細內容，但大略窺見其綱要，遇到類似主題便知道，哪本書、哪個作者曾有類似見解。在四年中，不論老師開什麼樣的書單、有幾本書，我都會把書從圖書館找出來，即便有時不及翻閱，摸摸書皮，親近一下這本書也覺得十分過癮。

但這門「心理測驗」，未如我想像的上課方式。老師每教一段，就發一種測驗，光智力測驗就做了十幾種，然後自己評量。印象裡，老師不太關心結果，只隨口問一五〇以上的舉手，沒有人；一四〇是班上一位第一名畢業的同學；一三〇的好幾位；一二〇、一一〇、一百、九十；七十以下應該沒有吧！我舉了手。老師瞪我一眼，似乎告訴我——「盧蘇偉，你要認真啊！」我是很認真，接下來好幾次的智力測驗，我幾乎都在七十以下，老師開始重視這個問題，在下課時約談了我，把我歷次的智力測驗逐一檢視。我怕老師誤解我不認真，把我國一重讀特教班、智力七十的事向老師報告，沒想到老師哈哈大笑：

「那一次測驗一定沒照測驗的程序做。你如果真的智商七十分，絕不可能考上警官學校！」

我告訴老師我考了七年五次，最後因退伍軍人加分優待才考上大學的，老師驚訝地看著我許久，一副不可置信地問了我好幾次：

「這是真的嗎？」「盧同學，你說的是真的？」

我眼淚流了下來，因我擔心教授不相信，以為我不夠認真，把我當了，那我該怎麼辦呢？

馬教授是個愛護學生出名的好老師，他看我淚流滿面，趕緊安慰我：

「英雄不怕出身低，人才別怕智商低！不過我還是不太相信你智商那麼低，因為一年級我注意到你，你除了英文，其他方面表現都很傑出啊！我再仔細看一下你測驗的結果。」

我的天才，一直沒被發現

馬教授隔一週上課，在課堂後他告訴我，他發現我有一個奇特的地方，那就是我對圖形、記憶、比較、聯想、辨識能力項目幾乎都是用猜的，因為幾種測驗，類似的有對有錯，當然大部分都是錯的，所以他要我利用課餘做一項蘇明尼加多項人格智力測驗，印象中有好幾百題。教授花了一個多月的時間逐項分析，他驚喜地告訴我：

「盧蘇偉！我猜得沒錯，你不是白癡！而是不一樣的天才，你的天才一直沒被發現！」教授拿出他用手寫的分析筆記，那麼多項目中，我有七、八成學習能力的評量都偏低，但在組織、分析、整合能力的項目分數卻偏高，尤其我在創意思考、延伸性思考能力表現上特別好，這也就是說，如果我是從事藝術創作，應該會有很好的表現。

在整個教育體制，所要的都是固定的答案，對我是很大的挫敗，因為我記憶、圖像比對、數字和符號等學習能力不足，我的努力是「事倍功半」，只能靠勤能補拙。教授特別勉勵我這一路走來，「真是辛苦了！」他輕描淡寫地做了一個簡單的結論：善用你的優勢能力，不要再用別人的方法讀書，用你自己的方法！

這一席話，宛若在我頭腦炸開一扇窗。我離開系辦公室，走回寢室，心中忍不住激動得熱淚盈眶，從小學不會、讀不來、背不起來，原來不是我不夠用功，而是我的智力上有所限制，還好我走過來了，我有機會知道：「用自己的優勢能力學習！」「用到自己的天才！」我仰望著天空，密布的烏雲快速移動著，陽光從雲隙裡透射出來，我心中吶喊著——我要把失去的分數找回來！我會的！

用自己的「優勢能力」學習

我調整我上課、讀書的策略，看書先讀綱要目次，建立系統表，然後把關鍵字填在系統表上，老師上課我就問自己：老師考試會考什麼？他要什麼答案？由於這樣的改變，二下的成績我提升至班上的前三名。拿到成績單時，我並沒有特別高興，心中甚至有些懊惱——「為什麼我沒有早一點知道！」

「我並不是笨，而是聰明和別人不一樣！」

我之前成績不好只有一個原因，老師考的我沒讀到，老師要的答案我沒給到；成績好只有一個原因，讀老師要考的，給老師要的答案，老師就給我要的分數。我有一種雀躍不止的心情——「我要把上帝欠我的分數討回來！」每一次考試我都十分興奮，上帝把過去沒給我的分數，全還給我了，還給了我更多！

我運用我的優勢能力，分析、整合、組合的能力，將雜亂的資訊，整合成有系統的知識，在多位同學合力及當時的校長周世斌先生的鼎力支持下，於五十週年校慶時，出版警政學文獻分類目錄一巨冊，將四十年間散落各圖書館及期刊的專書、論文分類編成系統的目錄，我們使用的工具，不過是一張張裁剪成兩張名片大小的小紙片，逐一抄錄編目、分類，以今日電腦資訊的發達來看這本目錄，可能價值有限，但在當時而言卻是警政學上的創舉！

花了兩年多的時間，在辛法春、顧力仁老師的指導下，以學生自力編纂而成，雖然獎勵上只是兩支小功、一個獎牌，但對我生命的旅程而言，不僅建立了一個重要紀念碑，更重要的是讓我對知識的領域，有了明確的認識。任何的知識一定要有系統，才有價值，沒有系統的知識只是資訊而已！

在自己的天賦裡努力

往後的考試，對我而言，只是輕而易舉的事——只要準備好老師的答案，在考試卷上鋪陳嚴謹、周到而深入，甚少有不得高分的。畢業時，我以系上第三名畢業，畢業那年即以第三名考上高等考試司法行政觀護人類科。每每我遇到苦讀而屢挫敗的學子，心中都會升起一股悲憫——用功認真是對的，但一定要用對方法。勤能補拙，但若方向偏了或方法錯了，勤反而成了一條無止境的路，很難見到自己要的成就。

看見自己的天才，就是知道上天賜予的天賦優勢能力所在，讓自己在自己的天賦裡努力，成就是事半功倍，我們會享受生命中努力的每一個過程。雖然，我沒有在我最優勢的能力——藝術創作上努力，但我用到我「化繁為簡」的系統化能力。知識要成為力量，創新雖然重要，系統整合的力量，往往超越創新的價值。只不過，很多人並不知道自己的優勢能力所在，只是隨著社會的價值隨波逐流，耗盡生命的能量，最後連自己內在擁有的寶藏都不肯相信！

BEST 看見自己

知道自己要什麼

知道自己會什麼，比知道自己不會什麼重要！

在生命旅程中有許多人，把潛能的激發放在如何有好成績、好業績、好工作或好職位，以及如何擁有權勢、名聲、財富上，但每個人要的都不一樣。「別拿自己不需要的東西，耗費生命的能量，別做自己不適任的事，錯失生命的機會！」我的優勢能力窄而不易被發現，當我了解了，我就學習，嘗試讓自己放在自己適合的位置上。「天才」未必換來財富、成就，「天才」卻可以豐富我們的生命，深入我們生命的核心。

許多人知道我這一段成長歷程，都會問哪裡可以做心理測驗，了解自己的優勢能力。別急著要找什麼樣的測驗來評量自己的天才，因為任何測驗都只是工具，有它的限制，而且也只能以自陳模式評量一個方向，還不如先盤整我們生命的經驗，了解我們內在自我渴望實現的目標是什麼？簡單地說，就是——

「生命裡，你真正想要的是什麼？你渴望你自己成為什麼樣的人？做什麼樣的事？」深入去問，而且重複地探索。如果我們對自己所要的是如此的不明確，期待透過文字描述、封閉選項來測驗、評量自己，所得的結果，可能和實際的事實，會有很大的差距。別急著立即明確什麼，我們內在積存太多雜亂的經驗，蒙蔽誤導了我們以為「成功的經驗」，就是「優勢能力」。先知道自己要去的方向和目標，再找能力，一切會變得容易哦！

試試看！就趁現在！

陪孩子一起成長

父母、老師所能做的，不過是陪孩子走一段路而已。

從理想進入現實

從警官學校畢業被分發至桃園少年輔導院服務，擔任帶班訓導員，這段期間的磨練，對我的專業生涯有許多啟示。

當時一個班大約有五十個左右的學生，由三位老師採輪休方式來帶，班上隨時維持有兩個老師，二十四小時和學生在一起。看起來，老師對學生應有很大的影響力，但事實上，老師所能做的十分有限，因為學生的原始本質綜合了來自家庭、學校及社會的感染，一個老師再怎麼貼近學生，也只能規範他的外表，對於內在的一切是無能為力的！

一個學生被送到輔育院之前，通常都有過數次的犯案紀錄，及進出警局與少年觀護所的經驗。在矯治機構裡都有一套規矩，老欺新、大欺小、強欺弱，若非深入觀察及了解，從外觀上根本無從窺見。在警官學校四年養成教育中，我立定一個方向，就是要終生服務迷途的青少年，所以，初入輔育院，只有熱忱、理想，卻不知如何著手協助，甚至造成弱勢孩子更大的傷害。

老師也打人啊！

記得我第一次偶然發現瘦小的同學，身上都有一塊一塊紅色的腫塊，我誤以為有跳蚤或皮膚病，仔細一看才知道是以尖物重挫所留下的傷痕，不論我如何詢問受傷的孩子，他都只含著眼淚，卻不敢供出傷他的同學。這對我而言，我認為自己失職，父母把孩子交給機構老師，老師卻無力保護他們，我無法接受自己的無能，逐一隔離詢問檢查，才發現受傷的不只一個，矮小新來的幾乎都有兩、三個挫傷，這些同學害怕被報復，都不敢指明是哪些人犯的。在班上都有幾個「哥」級人物，我約談他們，他們矢口否認，直到有一天，我正在上國文課，有個同學竟抓狂似地拿筆猛戳另一個同學，事出突然，我制止那個同學後，單獨和他談了一、兩個小時，才知道班上分為兩派，各有首領，新同學來時都要選邊站，個子小的常會藉機被打，當替罪羔羊，這些弱小同學為了得到保護，都竭盡所能地奉承、巴結他們那派的老大哥！

知道了這個事實以後，我心中既氣憤又心痛，想起自己常受欺負的童年，內心升起了正義之火，恨不得將這些帶頭的痛打一頓。但是當我請教資深的同事，他們似乎早見慣這些學生的遊戲，還告訴我他們是因為港劇看太多了。對這樣的答案，我實在不能接受！我無法容忍這種強凌弱的事實存在，於是，一天下午的運動時間，我要所有學生打赤膊，並把身上有戳記的同學一一叫到隊伍前面，要所有同學看清楚這些用原子筆或筷子重挫的戳印，這些同學也是父母生養的，今天他們雖然瘦小，但他們也會長大，我不希望再看到這些戳記，否則我將以暴制暴，以百還一，打人一下，我就罰打一百下！

剛開始，我勤於檢查，戳記似乎少了。但有一天，我看到小個子的學生臉上有一個五指印，找出了打人的同學，當眾用藤條打屁股一百下。這名大個子的同學，一直到我離開都無法諒解我如此重的處罰，他表示是心情不好一時失控才會動手打人，我當時認為所有的暴力事件都來自情緒失控，所以，打人是沒有藉口的，他回答我——老師也打人啊！

「以暴制暴」一直是傳統管教模式，但暴力的管教，卻是最不好的示範和學習，因為，有形的暴力是傷害，無形的暴力傷害更長遠，精神上的暴力，如冷漠、孤立、敵對、輕視的傷害絕不小於肢體暴力。我經歷了好久才體會到，那些被摒棄在兩大派系外的同學，內心的不安和痛苦！

缺乏認同感的孩子

在輔育院的期間，我還發現個子小的，動作都很慢，原以為他們年紀小，反應不及，後來才知道他們一個人要洗四、五個人的內衣褲和碗筷，大家有泡麵、零食可以吃，他們也只能喝湯，或撿剩下的，就連父母幫他們買的新內衣褲，都會被中途攔截，不是曬衣場的衣褲不見，就是洗澡沒肥皂、刷牙沒牙膏、吃飯只能配菜湯，不能挾肉、挾菜吃……眼前這種種的不平，在我的內心都形成了一種難以伸展的痛，在成人監獄、看守所的陋規惡習，他們都學得維妙維肖。

就如我在犯罪學上所知的犯罪理論，青少年無法自社會正常管道得到認同，他會轉向尋求社會的次文化認同。以這些孩子和我的成長經歷，無法適應學校生活、成績低下、人際互動差，都是學校教育挫敗的一群，又無法得自家庭的支持及認同。我幸運地有機會找出一條出路，而他們呢？現實社會中如何給一個國中、國小的中輟生，一條可努力而有成就的路走呢？

在我小時候，書讀不好，還可以去習藝，像是當雕刻、水泥工、裝潢、理髮之類的學徒，三年四個月出師就有一定的社會地位，然而現在孩子都視做工是沒出息、苦差事，不甘心於此，但書又讀不來，只能流轉於遊樂場所，個子健壯的逞凶鬥狠、魚肉弱小；個子瘦弱的，只能等著被欺壓！公平何在呢？他們的未來何在呢？

我多次企圖激勵這些孩子用功讀書、重返學校，有幾名出院的同學，都短期留校又再輟學。我無法了解和預測，這些十幾歲的孩子，既沒有一技之長，又不能吃苦耐勞，十年後有了家庭、孩子，要如何去照顧他們的孩子？而那些未能得到周全照顧的小孩，很有可能又再重蹈他們的覆轍！

犯罪不是來自遺傳，而是這些無法從教育歷程中翻身者的宿命。經濟環境好的，有更多時間、資源給孩子，而這些迷途孩子就是源自於資源不足的家庭，然而目前教育的改革，似乎拉大了經濟優、弱勢者間的差距。我始終思考著同樣的問題：我如何讓自己生命中的幸運，也能分享給這些迷途的孩子呢？

陪他一段

我當初找到一個關鍵的地方，這些孩子受家庭影響，幾乎不擅長處理人際主動關係，尤其是受挫折或表達不同意見的人際互動模式，均習慣以粗暴的語言應付，影響他們被接納、了解的機會。他們的成績、表現普遍欠佳，但如果懂得恭敬長上、友善同儕，他們仍有許多機會。因此我的第一步，是希望改善他們滿口三字經，不合己意就翻臉的不好習性。我試過用罰的無效，改用鼓勵的，只要一週末講髒話即給獎，要和老師講話，要用對密碼——「請」、「謝謝」、「對不起」；對長上要用「您」，給予服務機會要說：「這是我的榮幸。」幾週下來，孩子在嬉鬧中會彼此相互提醒要「禮貌」講話。但這些孩子是很難不講髒話的，情緒失控、滿口髒話即脫口而出，我們老師能做什麼呢？他們的髒話並無惡意，只不過強調他不舒服的情緒而已，可是他們髒話一出口，連帶人的神情、舉止，都給人不好的感覺，要讓這些孩子建立良性的人際互動模式，似乎有些困難。我的努力只能暫時改善這些孩子的語言習慣，對孩子長遠而言影響似乎不大。

有段期間我相當自責，上天給我機會服務這群迷途的孩子，而我卻不能發揮我的職能。當我日後在電視媒體上，見到社會高層的民意代表，動不動就髒話滿口、摔東西、打人，我才理解這些孩子不能改變的真正原因之一，其實是社會品質的問題，教育能做的是十分有限的，我才寬容了自己的內疚。

這段期間，我見到幾個頑強不肯受教的孩子，聰明靈巧地躲過老師的視線，欺小凌弱，小過不斷，在他們要出院時，我還特別叮囑——一個人可以欺騙全世界，唯獨不能欺騙自己，希望他們好自為之。沒想到事隔半年，在報紙上看到其中一個孩子自軍中攜槍逃兵，並強姦殺人，心中有種難以言喻的痛，「為什麼他會在我手中溜失呢？」、「為什麼我幫不到他呢？」一個老師的職責，若不能斷惡向善，有我又有何用呢？幾次午夜夢迴，清晰見到他嘻皮笑臉向我認錯，心中一陣絞痛，「一個老師能做什麼？」、「為什麼我救不了他呢？」

幾經生命的種種歷程和考驗，我漸能了解父母、老師所能做的，不過是——「盡了一切能做的努力，陪他走一段路而已吧！」

BEST 看見自己

專注在你的夢想上

每當我在輔導個案時，我都很專注地凝視著這群迷途孩子。十年、二十年之後，他（她）們會是什麼樣子呢？是什麼決定了他們呢？是命運？還是自我的投資及努力呢？我相信自我的努力會改變一切，而為什麼有人會為自我的未來努力，有人卻不會呢？

「夢想讓人偉大！」在我手上的個案有半數以上，對自己沒有任何期待，或只是抽象的夢想，希望自己有花不完的錢，可以隨心所欲自由自在，很少有個案知道自己的生活目標及生命方向。「你要什麼！你就得到什麼！」有一些人無法相信自己有能力實現自己所要的一切。只要你具體明確地了解自己期待的未來是什麼，內在就自然有股強大驅力，激勵你非完成不可。有夢想的人，就有努力的動力！

明確知道自己的期待及夢想，你就有明確、具體的動力，全力以赴實現夢想！相信自己——「你要！你就能得到！」你要什麼呢？你為什麼要呢？你的思考將喚醒你心中的巨人，實踐你所要的一切！

全力以赴的努力！再努力！任何事情的發生，都是你達成目標的必經過程，專注你的注意力在目標、夢想上，揮灑汗水的耕耘，就會等到歡欣收穫的一刻。田地會有天災，心田的努力絕無意外！

祝福你！加油！

任何事情的發生，都是達成目標的必經過程。

感恩父母

父母給了我最大的寬容，和等待我成長的時間。

期待父母的了解及關愛

因考上高等考試觀護人類科，我有機會長期、專注地從事青少年輔導。許多人對曾觸法的青少年，都會以「壞孩子」、「叛逆青少年」來看待他們，事實上，這些孩子不僅不壞，也未必叛逆，只是成長過程中，比其他孩子多一些人生經歷而已。他（她）們和未曾犯罪的孩子一樣，期待著父母的了解及關愛，如果要分析他（她）們觸法的原因，我想最簡單的說明——是愛與被愛的經驗欠缺而已。

長期地觀察這些孩子及自己內在自我的檢視，發現傳統的父母不及現代的父母「做」得多，但孩子感受到父母關愛的程度卻大於現代的父母。在法院接受輔導的孩子，未必來自組織、功能不完整的家庭，也有健全家庭，父母皆用心，而孩子卻是異常叛逆、不懂事的，原因何在呢？父母陪孩子成長的過程中，提供了什麼經驗給孩子呢？是「愛」，還是「傷害」？是「挫敗」，還是「成功」呢？做得多的父母，未必做得對；家庭組織欠健全，未必孩子就會缺乏愛和成功經驗。我能走出自我生命的限制，來自我的父母都能及時地在關鍵時說對話、做對事！

做父母的，永遠要向前看

在我小學三年級下學期開學不久，放學回

●愛就是陪孩子勇敢作夢，大膽實踐。盧蘇偉在兒子小學畢業時，實現了他騎單車環島的夢想，並合力寫成《陪你去環島》一書。

父母在關鍵時說對話、做對事，有助於孩子走出自我生命的限制！

家的路上，跟著同學一夥人就鑽進竹林的圍籬，潛入了一處橘子園，大部分橘子都被採光了，尚殘留一些掛在樹上。這位同學向大家宣稱，這是他親戚的果園，樹上的橘子不要了，大家可以盡量採，在鄉下常有類似的情形，所以，大家就興高采烈地選定自己認為最棒的橘子樹，大聲談笑地採橘子。大約採了十幾分鐘，書包塞滿了，夾克也被脫下來當包巾用，每個人都飽飽、鼓鼓的一大包，然而就在我們要離去時，幾個大人從山下衝上來堵住了我們的出口，不准我們離開，並用布袋把我們採的橘子收集在一起，大聲斥責我們是小偷，我們辯解是同學說這是親戚不要的橘子，弄了半天，才知道是同學瞎說的，他親戚的果園離這兒還有好一段路！我們幾個就被拎著衣領，被提去找各自的父母。

鄉下的父母，最怕被人告狀，尤其是孩子偷竊！通常最普遍的做法就是在眾人面前，拿起竹子，狠狠地打孩子給別人看，但我媽媽的處理方式卻大有不同，她絕不在眾人面前打我給別人看，她會先向對方賠不是，再主動提出賠償的善意，待告狀的園主走了，才把我叫到浴室好好地盤問。第一次、第二次她都會原諒我，但到了第三次類似的情形再發生，她便會問我，要怎樣才可以避免再犯類似事件？而且一直要問到她滿意的答案才停止。

雖然事隔三十餘年，在我記憶中，這樣的教育方式仍影響著我，甚至直接改變了我的輔導方式——「永遠向前看！如何讓孩子因事件發生而受益，如何讓這事件幫助孩子一輩子！」不論孩子發生的是何等不得了的事，這件事都難再改變什麼了，為什麼還要讓自己及孩子損失更多呢？如何從這事件中，把失去的加倍賺回來呢？如何讓孩子因事件發生，而得到終生受益的教訓？並且知道未來該如何做才是對的！

我媽媽處理我一再偷竊別人的東西，不僅未讓我留下不愉快經驗，還給了我最好的學習機會。當我身為人父，我常提醒自己，孩子發生什麼事不重要，重要的是我如何處理，才能留給孩子一輩子受用的經驗；孩子會犯錯，而且會一再犯錯，每一次犯錯，都應是一次學習機會。

生命是一連串的幸運鎖鏈

但我們也別期望父母情緒穩定、態度一致、想法連貫不變，我的父母，在我成長的歷程中，也犯了無數的錯誤，例如我父母親在人際互動上，欠缺主動了解他人想法及感受的習慣，以致成長歷程中，難免有被誤解、錯怪、冤屈的情形。

父母是主觀，而且是帶著偏見（過去的經驗）在面對不同的小孩，我得天獨厚的幸運，在重男輕女的家庭，又是一個先天調養不足、後天生病需要照顧的小孩，父母給了最大的寬容和等待我成長的時間，以致我常在背地裡享受其他兄姊妹未能享有的意外禮物。偶爾我會揣測其他手足的想法：我是一直被看重的小孩，而他（她）們在成長歷程中，相對的比較，內心中相信必有著某些缺憾。一個人的人格特質，是父母在毫無覺知的情形下，一點一滴逐漸累積形成的，如果，我們能深入去了解生命中父母給我們的影響，許多的占有、獲得未必是應該得的，而心存感念，許多的遺憾不足，也未必是失。

因「覺知」，我們身為人父人母，就會警覺父母對孩子的影響，扮演好我們父母的角色。父母不是孩子生命的主人，卻是他（她）重要的貴人！

在成長歷程中，我一直覺得自己是「幸運」的，父母、手足給了我，他（她）們原可以選擇不給的一切照顧。如果國小畢業，我就去當學徒；如果國中我少了那一段挫折及迷失；如果高職未有成功的機會；如果第五次大學聯考再失敗；如果大學未遇那麼多的恩師，我今何在？生命是一連串的幸運鎖鏈，以一個公務人員的身分，我是何等的幸運！工作即是學習，工作之餘有機會出書、演講、主持課程，甚至被邀請至國外巡迴演講，豐富了我的生命，也拓展了我的視野。

其實，我常在想，生命中不論任何選擇都會是幸運的，即使我僅有小學學歷，我也會在我的工作及生活中去開創不同的人生歷程。但由於自覺幸運，而珍惜所有，感恩知足，人生中任何緣遇已覺得夠豐盛了，其餘的都是多賺的，應更加感恩所有。我這樣的想法，源於父親的影響，也是他一生多難留給我最受用的財富！

用心享用現在的一切

我的爸爸早年得志，失敗後被迫離鄉，一生最大的心願是榮歸故鄉。他從礦工、工頭一直努力當上礦長，從基層幹部努力當上一家公司的總經理，把六個子女教育長大各有美滿的家庭，他應該算是成功了！但他一直到去世前，內心都有著更大的期待尚未達成，他從未覺得自己曾經成功過，所以，幾次回故鄉平溪掃墓，他都有意地避開和熟人見面。自己年少時曾是如此榮耀輝煌，一生的努力都期待看到親人故友，見到自己的成就能露出驚羨的神情——「哇！」但似乎都沒有期待到，最多只是——「還不錯！」的評語。跟隨父親成長的歷程中，看著他內心的孤單、失落、無由的惆悵，亮麗睿智的外表，有著壯志未酬、心願未成的遺憾。我曾受父親深刻的影響，曾努力為父親實現他的願望，做一個被社會價值肯定、被大眾認為是成功的人，希望父親能因子女的成就而稍償夙願。

直到父親過世後，我才醒悟：自己究竟在努力什麼？而那些努力所要得到的，不過只是想報答父親、成為父親眼裡的成功小孩而已！這是不需要的，如同我父親不需要努力於衣錦還鄉，名成利就一般，誰真正在乎他這麼做呢？我放棄了我以前的努力，明確自己生命中的期待——「用心享用現在的一切！」我慶祝自己的緣遇及幸運，我感恩每一個遭遇！是我父親替我走了這一段路，讓我有機會去省思及超越，怎能不感恩父母呢？

BEST 看見自己

練習做一個懂愛的人

每一個人的父母都不是十全十美的，為人父母時，才深刻了解到父母是學習的歷程，而放下過去對父母的過高期待。每個父母都願意去努力做一個懂得給愛的人，但幾乎大部分父母，都做了太多類似「愛」的事，而孩子卻不了解父母的用心及努力，未收到這份「愛」的禮物！

當我們能體會「愛」和「被愛」是不容易的事，不再對親人或另一半有太多期待，愛便會神奇地悄悄占據我們。

若檢視一天中我們親子間的行為，區分哪些是「有」愛的行為，哪些是「沒有」愛的行為，我們會發現，愛是經常不在的。我不會、也不懂如何愛我的父、母、妻、子，我一直都在練習做一個懂愛的人。知道自己是不知道「愛」的人，我們會有驚奇的發現，我們會警覺生命的因緣及遭遇都不是應該得到的，路人的禮讓、微笑，店員的歡迎，平日看似平常的遭遇，都會心生溫暖，父母的關心及其他所做的努力會讓我們深受感動，每一個人都擁有著無數的「愛」，只是我們覺知愛的心不在而已。

感恩所有！感恩父母！也許彼此間曾有些不愉快的經驗，但愛仍在，只是被蒙蔽了吧！

愛在的人，會擁有全世界的溫暖！

愛在的人，會回報世界柔軟的微笑！

愛在的人，每一片刻都會是慶祝、驚喜和感恩！

愛在的人，生命會停止追求、掠奪，開始享受一切！

愛在的人，生命會是祝福！

生命中不論任何選擇都會是幸運的，自覺幸運，讓我們感恩知足。

專業成長的心路歷程

每一片刻的遭遇，都是新鮮及驚喜。

行為改變的關鍵

在青少年偏差行為的輔導專業中，我發現親職教育的重要。為了協助個案能與父母有良性互動，強化其家庭支持系統，有很長的一段時間，我專注於學習父母的職責及角色扮演、親子溝通，以及如何成為新世紀的新父母等主題上，我幾乎學習了所有相關課程、相關的書籍、有聲書，及一些專門論著，並做了有系統的整理。在學習的過程中，雖然了解了許多不同理論和見解，但實務上發現法院個案的父母親，在親職教育上的確有待加強，可是他們幾乎心有餘、力不足。這些家庭支持系統不足的個案，父母親幾乎都是長期婚姻失和，夫妻關係惡劣，情緒經常處於焦慮不安，稍有不順就怒火爆發，如果沒有改善夫妻關係，期待親子關係能夠改善是有困難的，於是我又花了許多時間了解兩性關係、男女間之差異、夫妻關係、家族治療等主題。

在這些努力中，我發現要改變一個人是如此困難。思想觀念的更新已是困難的事，更何況行為改變！一個人受制於經驗、習慣、特質，有著特定的思想及行為模式，知識雖有價值，但知與行之間是有很大差距的，知道的往往做不到。我花了許多時間想了解，行為改變的關鍵是什麼呢？我發現即便是身心發展成熟的成年人，都難以自不良的行為模式中跳脫，更何況處於青春期的孩子！

有一段期間，我專注於了解人的行為是如何受情緒思想左右的，因為我常想，人如果是理性、邏輯的，為什麼行為常會失序而混亂？情緒在一般人的認知是可管理的、可預見的、可學習改善的，但在實際的協助過程中，我發現情緒是那麼敏感、多變、難以預測，不管是生理的狀況、內在的經驗、認知，及受制於潛意識的自我防衛本能，都讓情緒的了解愈見複雜。情緒左右著一個人的行為，那情緒由什麼決定呢？

在我陷入瓶頸時，接觸到了ＮＬＰ神經語言系統的理論，了解到人類使用的語言、文字，可影響人類的行為及情緒。語言、文字是個注意力，而頭腦的運作過程是單工作業，同時只能有一個注意力、一種情緒及一種想法。了解到頭腦的微妙，我進入了潛能開發的領域，企圖去了解人類之差異，同樣的學習歷程，何以會有不同的結果？頭腦各有其不同特質，而形成多元智慧，如何讓不同特質的人，皆能如其所願地實現自己的夢想？

由於這樣的想法，我參加當時正狂熱的「成功學」課程，我想要知道一個人是如何實現夢想，如果有一套成功的法則，我就有可能將我手上的個案，由社會的邊緣、底層解救出來，讓他們也有機會參與社會主流價值的競爭行列。

我投資了當時被認為是天價的學費，當時一、兩百個學員中，我是唯一的公務人員。我來上課的目的和其他人不同，我不為高升，也不為賺錢，我只想為我手上這群孩子找到成功出路，那樣的課程雖然昂貴，但給了我許多啟示。

成功的真諦

「成功」究竟是什麼呢？世界首富比爾蓋茲成功了嗎？王永慶、張忠謀先生成功了嗎？如果他們成功了，他們為什麼還這麼努力？財富能代表成功嗎？若不能，那什麼東西能夠呢？德蕾莎修女、史懷哲先生、證嚴法師的努力和成就，算是成功嗎？

我不懂一個人為什麼存在？為什麼努力？一個人的出生是否攜著使命及任務而活呢？如果有，我生命的任務和使命是什麼？如果沒有，生到死之間究竟又有何意義？除了生存所需的努力，人還能追求什麼呢？種種問題，讓我因上這些課程而更加迷惑。

但如果連我自己都想不通，我要怎麼帶領、輔導這群孩子呢？我陷入了極度的不安。我發現我對自己的無知及無助，我連我自己都不認識、不了解，怎麼可能去幫助其他人？在這段期間，我對自己及家人有一種陌生的疏離感，我和我內人相處了十餘年，彼此相知相惜，而她對於我，如同我對於自己一般的陌生。我的孩子、父母、親人，我不曾真正了解過他們、懂過他們，因為我連自己都不了解，怎麼可能了解另一個人呢？對我自己、家人的了解都是那麼有限，而我當時卻成立基金會，要服務社會，我連至小的自己都不認識，又如何去知道那集合眾人的社會呢？如果不知道別人的真正需求，也不知道自己的需求是什麼，那努力何益呢？只是耗費自己的能量及生命而已。

雖然，當時基金會做了許多創新研發的潛能研究，而且有了許多成果，甚至有多項的專利發明，我知道創新發明的內在歷程，也知道如何進行教育訓練，但如果我不知道人類的真正需求、世界的未來，快速創新發明，只會加速地球資源的損耗而已，因此，我停止了自己在創新發明上的內在歷程研究，而專注在自我探索主題上。

誰能告訴我及教導我了解生命的意義及方向呢？誰能讓我知道我是誰？我究竟要去哪裡？在我惶恐於自己的無知時，有一位老師出現，我傾自己所有的金錢及一切，向他求助，我想解開這些無知，我想從生命的叢林找到生命的出路，我浪費了四十年的生命在摸索，我無法接受未來的生命，仍然不知自己是誰，真正想要的是什麼！原計畫是跟這位老師有三年的學習，在這位老師用心帶領下，在第一年即將結束時，我似乎了解自己在生命中不要什麼，但我仍無法知道我真正想要的是什麼！

然而，由於這位老師是商業取向，他教導的目標已明顯不是我要的，我要投資這樣龐大的金錢，繼續這樣的學習嗎？我的內心有了很大的掙扎。如果真的能讓我得到我真正想要的，金錢、時間的投資當然是值得，如果這樣的帶領只是把我帶到另外一個得失的叢林而已呢？

「此時此刻」，才是生命的所在

當我陷入了兩難的猶豫時，偶然的機會，我在書架上看到買了多年的一本書——奧修的著作《道之門》，它的英文書名是《I am the gate》，我眼睛為之一亮，當時覺悟到我之前的所有努力似乎找錯了方向，我一直向外尋找自己的價值及可能的貢獻；但生命的意義及方向，不是在外面的世界，而是在內在的世界。至此，我才恍然大悟，我二十幾年前找對了方向，卻又再度迷失了，當時一心一意要讀哲學系，除了哲學的「愛」與「智慧」，深刻吸引我，另一個重要的啟迪是蘇格拉底的傳記中，有一段類似格言的話：

「如果你知道你自己，你就知道全世界！」

「如果你擁有你自己，你就擁有真正的知識！」

我決定放棄這位老師的帶領，因為一切的答案不在於外在，而在於自己的內在，也許這位老師是知道或了解這一切，但他以知識交換我的金錢的方式，讓我無法全然接受；再者，我並不認為他真正了解及知道，他所知只是真實與存在的一部分。我決定循著奧修的指引，接續這條自我探索之路，我慶幸我的選擇，從奧修的帶領中，我瞥見了天空中的潔淨藍天，初嚐生命的真正滋味，在這其間了解到任何的努力都將使我遠離內在的核心！

靜觀、止息的原不是文字，而是生命中難得的經歷。生命的叢林來自於我們喋喋不休的頭腦，我從未進入叢林裡，自然也不必在叢林中找出路。生命是偶然而不明確，紛亂來自於無知卻努力求知的歷程，既是偶然，我們無法找到生命的目標及方向，更不可能找到一張生命的地圖。我們的內在就是宇宙、大海，如何去找宇宙及大海呢？任何努力都會讓我們遠離對內在世界的認知，我對生命唯一的明確就是無法明確。內心有一股歡喜之泉自然地湧現，原來我早已抵達，而我卻在找去處。在生命的經歷中初次嚐到輕鬆及自在，我不必再不知道裝知道，不懂裝懂，不會要裝會。幸福不在過去、未來，而在現在，「此時此刻」才是生命的所在！

我放下了期待及努力，重新面對我的個案，每一個人、每一個片刻的遭遇都是新鮮及驚喜，互動裡的抗拒、衝突少了。我只能陪這些孩子走一段路而已，如同在河流旁靜觀他們的流動，任何的作為、欲念都將擾亂了他們自我澄清的秩序。生命原來可以如此輕鬆，專業原來只是主觀及偏見的組合，我領悟到了「為不為」的神奇力量，也了解到蘇格拉底所說，當你了解自己，你就知道一切！

BEST 看見自己

看見你真正的自己

生命旅程中的努力，雖然獲得常未如預期，但因努力，生命有意外的收穫，我們會在努力中了解，我們真正想要的東西不多，追尋得到之後才會知道它並不是我們真正想要的，我們會因努力而拋棄內在的多餘包袱及垃圾。在許多人眼裡，我們是如此的不值得。曾經有夢想、曾經有努力，在最終卻發現，我期待的一切，都在原點上，我真正要得到的，早己擁有；但因夢想和努力走這一大圈，清楚地知道什麼是我不要的，我也才能揚塵去垢地看見自己的內在寶藏！

如果你有任何夢想就去努力吧！所有的努力都將豐富生命的經歷，因為一再地嘗試、一再地努力，我們將敲開探索自己的那道門。許多人期待的只是結果，而不知結果也只是過程的一部分，只會讓我們經歷它而已。挑戰、突破、克服、征服、達成，只要想要，你就去「做」吧！

唯有一再重複——我想！我要！有如剝洋蔥般地，會一層層讓我們剝去，而見到孕育生命的核心——「空無」的真相！我們也才能了解一切只是遊戲，一場沒有輸贏、成敗的遊戲，所有一切看似存在，卻是虛幻，要嚐到那真實的甜，必須一再地經歷努力、再努力及一再失落的過程。別放棄上天的恩典，別抱怨努力無成，一切因緣都有益於我們內在的探索。再次感謝一切，賜給我們的種種事件，供我們一再地經歷、再經歷！看見你真正的自己！生命會像晶鑽，透明而晶瑩地反映所有的生命光彩！

這樣的發現，或許無法換得現實的物質，但內在的豐盛、驚喜，已讓我們不虛此生了！

祝福你，也能夠因經歷而經歷這一切！

【結語】

看重自己，發現自己的天才

寫下這段故事，讓自己重新經歷生命中曾經經歷的一切，自己又像重活了一次，這種預見結果的經歷真是特別，這樣生命將失去驚喜及期待，而且平淡無味，而多少人卻努力想預知未來，想讓自己過規劃的人生。多少人曾和我一樣期待從不明確的生命中，找到明確的答案。如果，生命像我以回顧的模式來經歷，每件事都是已知的計畫的一部分，生命的趣味在哪裡呢？享受生命中的未知與不明確，它可是美好的時光！珍惜它吧！

《看見自己的天才》這本書是出乎意外而寫的，原本我的計畫可能在某個因緣，來完成一套幫助現代人從緊張、繁忙、壓力中療癒自己的書，但應寶瓶文化社長兼總編輯朱亞君小姐之邀，在這套自我療癒系統之前，能讓讀者先為探索自己做一點暖身，所以，寫了這本描述我這個白癡的成長故事，主要的用意，想激勵每一個人都看重自己，用心生活及用心工作，看見自己的天才！

我希望這是敲開自我了解，看見生命寶藏的一塊磚，這是一個開始，不論你年齡多少、做什麼行業、是什麼樣的學歷及職位，只要你開始向外追逐的心，能學習向內看，你一定會有驚喜，這樣的歷程非但不會影響你的工作及生活，而且會讓你清楚你究竟要什麼！你會提早享用你生命的成就，並且這樣的歷程也將有助於你的人際溝通、統御領導、策略規劃、創意研發及行銷業務，因為你開始了解自己，你就會開始真正懂得別人，而任何的工作無非都是提供人類更好的服務，滿足更大的需求，如果你知道人類真正的需求及期待，什麼錢你賺不到呢？有什麼幸福，你得不到呢？

這套「自我療癒」是一系列「自我提升」的基礎，目的在讓你紛擾不安、屢受挫傷的心靈能得到安撫及療癒。世界上最大的敵人不是別人，而是自己，潛能的激發，來自你懂得讓自己成為自己的最好朋友！你將會是你自己的心靈導師，看護你內在的心靈花園，讓美妙的花朵能從枯貧已久的心土中孳育出來。如果你願意，你將會循序地享用生命的驚喜及寧靜。

一、賞識自己

由於教育（家庭、學校、社會）的因素，大部分人都覺得自己不夠好、不夠完美，努力去爭取別人肯定的眼神和獎賞，大部分人都渴望以財富、權位的占有，來掩飾自己內在的不夠好和不完美，生命就這樣迷失在外在的物質及榮銜，以為這些就是生命的方向及目標。在這世界上，僅有少部分人攻占了他（她）的所有目標和企圖，但他（她）們仍挫敗地在尋找更多、更大的挑戰，而大部分人都因為占有不夠多、不夠大，而誤以為自己努力不夠，甚至有自責及抱怨。

事實上，這些占有和你（妳）好不好無關，只要你（妳）能開始發現自己的獨特及不完美中的完美，開始懂得賞識自己，你（妳）將從生活、工作、家庭、婚姻、親子、人際挫敗情緒中，找回自我的信心及價值。

二、疼惜自己

每一個人的內在，都有一顆「美」與「善」的真心，因為我們自幼習慣及制約，我們不相信自己，而相信來自父母、老師、同儕、親友、外界的看法和評價，為了這些人的期待耗盡我們的生命能量，讓疲累、緊張、恐懼、孤單占據我們的心靈。當我們向外看的眼睛，能學習向內看，你（妳）將會升起對生命的「覺」與「悟」，你（妳）會發現，你（妳）努力了太多不是你（妳）真正想要的目標，你（妳）要好好疼惜自己，不要讓自己迷失於叢林，受盡無奈的折磨。

生命的出路，不在於外在世界，而在於你（妳）開始看見真正的自己，賞識自己的努力及獨特，懂得什麼是自己不要的，放下這些垃圾的包袱（疼自己），懂得讓自己的生命能量發揮在自己真正想要的目標上（惜自己），你（妳）將遠離恐懼、緊張、慌亂的步調！

三、愛護自己

全世界各個階層，各種宗教、行業都在談「愛」，而「愛」這個字卻只是文字、語言，少有人真正經歷它，對它感動；我們都誤以為自己做得不夠，所以，沒有愛的感覺，於是我們更努力於家庭、事業、公益、慈善。表面上我們生命像是豐富了，但努力只有讓我們知道內心的深層有著一股不安和孤寂，「愛」未曾因我們的努力占據了我們的心，大部分教導愛的知識及努力，都可能讓我們遠離愛，甚至會把要進心扉的愛，推出門外。

「愛」，我們一直享有著它，經歷著它，因我們頭腦的期待，塞滿了愛的空間，所以，現代人大部分都只能渴望愛的滋潤，而享受不到愛的感動。如果我們有機會經歷它，知道它，生命會有一種不一樣的品質升起，你（妳）會有明確的了解，生命什麼才是重要的，你（妳）不會再輕易讓不是愛的事物占據你（妳），打擾你（妳），你（妳）會真正了解什麼叫做「愛」「護」自己。

四、發現自己

現代人最喜歡的一句話，「知識就是力量」、「知識就是財富」，而知識是什麼？真正有價值的知識又是什麼呢？如果我們不知道，而盲目地追逐轉瞬間價值盡失的知識，我們耗盡生命猶如驢子追逐主人用竿子吊著的紅蘿蔔；你（妳）要繼續追逐一代、一代更新的產品及證書，還是找到生命中如晶鑽般永恆價值的知識？

只要你（妳）發現了一次，你（妳）就永久享用這份經歷的好處，只要你（妳）曾經擁有真正的自己，你（妳）會從眼花撩亂的資訊中，看見真正有價值的知識是什麼！蘇格拉底兩千多年前就知道這個祕密，中國也約略在同時，老子就把祕密寫成《道德經》，而我們卻一再地迷失。

重新「發現自己」，你將發現真正的知識及一切之門，發現新世紀的真正競爭力和競爭優勢！

五、懂得自己

這世界上有太多書教人際互動及溝通，教我們怎樣做個說服高手、談判專家，卻沒有一本書教我們如何正向與自己對話。當你（妳）開始懂自己的內在一切，你（妳）會很自然地「得」到別人的喜歡及信任。如果你（妳）不懂你（妳）自己，你（妳）會讓你（妳）內在的紛亂，危害你（妳）的人際環境；人際的虛偽互動，將是你（妳）自責、責人的最大禍因，也是造成更大內、外在風暴的源頭。

人際互動與溝通很重要！但你（妳）必須先懂得自己，和自己溝通，你（妳）也才會懂得別人，和別人良性互動。知道自己要什麼，你（妳）也才能知道別人要什麼，這將有助於你（妳）家庭內的重整及事業的重新出發，一切都在於你（妳）必先由懂得自己開始！

六、知道自己

每個人、每一天的生活，都非重新開始。我們背負著一個龐大的包袱，這個包袱中裝滿了不同的經驗及知識的垃圾，而我們卻毫無覺知地背負著它，每一天、每一片刻，包袱都在增加垃圾，我們愈往前走，就愈覺得負擔沉重，愈感覺生活乏味，生命無趣。

從「心」開始，讓你（妳）清楚自己是誰？究竟要去哪裡？什麼是你（妳）生命真正想要的？你（妳）不必再戴著面具生活，你可以真正享受自己所要的寧靜、輕鬆、自在的生活，一切都在於你（妳）必須知道你（妳）自己。

這是一系列自我探索、自我療癒的書。有別於一般書籍是帶引你（妳），指導你（妳），這系列的書，是讓你（妳）學習讀你（妳）自己的一本書，做你（妳）自己生命的主人、導師。讓每一個讀者，都能看見「自己」就是所有努力的目標，放下不屬於自己的努力，在現代高度競爭的環境，不再一味追求速度，而是先明確自己究竟要什麼？什麼是自己真正的期待？因為「知道」，我們會做「對」事，用「對」力，輕鬆地享受生命的每一個努力！

成功來自於我們的明確注意力，而非努力壓迫自己支出；生命的成功也不是來自於有形的財富、權位、貢獻、成就的占有，而是來自於內在享有的——寧靜、喜悅、愛與被愛的經歷。衷心祝福你（妳）也能和我一樣經歷這一切！

只要你想你要，你就得到 定價250元

你絕對有能力改變自己！相信自己，人生會因你的想法改變而改變，所有的美好都來自於你現在的決定，你的未來掌握在你自己手中！

正向思考，就對了！——教孩子的第1步 定價270元

為孩子設想周到的你，卻一步步偷走孩子的思考？改變孩子的思考模式，就可以將不可能變成可能！永遠熱情的對生命說：「是的！我要！我願意！」父母能給孩子的最大資產，不是第一名，不是多才多藝，而是5種思考力！擁有這5種「非常思考力」，孩子就能將不可能變成可能！

教養危機 定價270元

長不大的爸媽，是教養裡最大的危機！16至22歲的孩子外表像大人，內在卻仍渴求關愛。他們經常迂迴表達自己的疑惑與不安，再加上沉重課業壓力，父母的關愛若沒有拿捏好，就會造成家庭風暴！支持、信任與放手，陪孩子一起長大才是解決之道！

關鍵教養〇至六 定價260元

知名親職專家是怎麼帶孩子的？來看盧老師化麻煩為智慧、將衝突轉變成趣味的親子相處之道！盧老師為家有小小孩的父母所寫的養育專書。裡面分享的可愛故事與教養絕招，對於想要教養孩子卻不知該如何使力的父母來說，是一本可以即學即用的超強指南！

預約孩子的未來——態度是關鍵 定價260元

青春狂飆期孩子的關鍵教養書！如果你的孩子是比爾·蓋茲，為什麼要他成為貝多芬？孩子的競爭對象，不是別人，而是自己的信念、態度與習慣！為家有7至15歲孩子的父母所寫的教養專書。以支持、信任和賞識，來降低父母與孩子間的衝突，營造更和諧的親子關係。

預約孩子的未來 II ——信心決定一切！ 定價270元

父母對孩子有信心，孩子才會對自己有信心！盧蘇偉為家有青春期孩子的父母所寫的教養專書。書中引用許多實際的個案，讓父母了解只要孩子肯正向積極地面對自己的人生，清楚自己未來的方向，沒有任何事情無法扭轉乾坤。

復原力——激發孩子逆境向上的潛能 定價260元

孩子的力量遠超乎我們想像！別擔心孩子學不會如何面對人生挫折，只要你懂得激發孩子逆境向上的能力！

這是一個徹底改變生命的輔導實例！盧老師運用「復原力」，幫助歆瑋找到了自己的路！

總是拿到缺一角的奶油蛋糕 定價300元

影響50萬人的人生重建課！

不可思議，當你藉由「人生的重建課」改變你自己後，你會發現，生命中讓你失望、傷心、憤怒的人竟然也開始轉變。

這一生，你為何而活？ 定價270元

會不會其實有個更好的人生，正在某處等著我們？

人生的減法，其實是加法！不斷地卸下，是為了重新得力！

這是我要的人生嗎？——其實，你可以活得更篤定 定價270元

你對未來為什麼迷惘、焦慮？知名暢銷激勵作家盧蘇偉，第一本點破現代人迷途心靈的思考之作！

你是光芒——盧蘇偉的15堂愛自己 定價270元

一本困頓的現代人最需要的心靈加油站！這世界上，有沒有一個人會這樣對你說？「即使你什麼都不是，我依然愛你！」

脫下領帶、西裝、高跟鞋與公事包，即使你沒有這些外在的成就，你依然值得被愛。

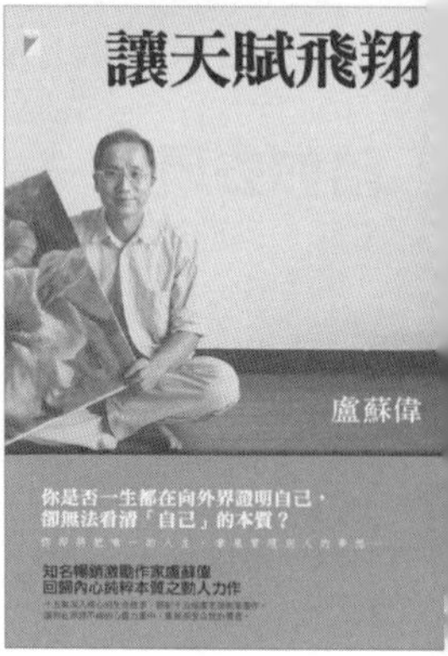

讓天賦飛翔 盧蘇偉回歸內心純粹本質之動人力作 定價300元

你是否一生都在向外界證明自己，卻無法看清「自己」的本質？你即將把唯一的人生，拿來實現別人的夢想……

十五篇生命故事，搭配十五幅親筆畫作。無論幾歲，只要你勇於追尋，放下別人定義的成功，就會找到人生真正的成就！

關鍵一秒——改變人生，只要1秒！ 定價260元

找出你的人生價值，活出你的幸福與美好！

人生，是一張單程車票，無法重來。盧老師教我們重新了解自己並愛自己，活出生命的熱力與光芒！

相信自己，你最棒！ 定價260元

「你要相信自己是最棒的！」因為信心就是力量！我們要改變自己，就必須回頭省視原生家庭。這需要體諒、需要包容，更需要和解，找回更具信心的自己、更願意挑戰自我的自己。

愛會傷人——寫給父母的內心話 定價260元

寫給認真付出，卻一再受挫的父母！
打罵，過度期待的愛、不願放手的愛、不斷要求孩子犧牲奉獻的愛、造成孩子過度罪惡感的愛等等，都會對孩子造成一生的傷害。愛不一定是溫暖與甜蜜，愛也會傷人。

陪你去環島——一個父親送給兒子的畢業禮物 定價240元

盧蘇士・盧蘇偉◎著　**愛，就是陪著他勇敢作夢，大膽實踐！**
「父子為了共同的目標而努力，心中有一種難以言喻的幸福。路上我不時詢問孩子會不會累？辛不辛苦？他最常的答案是：和爸爸在一起，再累再苦我都不怕！……」——盧蘇偉

飛行少年——一輪千里環台挑戰 定價290元

挑戰生命中的不可能！！他們是飛行少年，身上有著傷疤、心裡藏著黑暗的過往。
他是少年觀護人盧蘇偉，二十多年來，輔導過三千多名的邊緣孩子。這支一輪車隊，因為愛與夢想而將大家繫在一塊。二十天的時間，他們要向耐力與毅力的極限挑戰！

陪孩子一起長大 有聲書 4CDs，225分鐘，全新內容，專業錄音室錄製。 定價350元

孩子的成長只有一次，您不可不知——提前學習、調整互動，孩子未來會成為什麼樣的人，父母的態度是最大關鍵！不只讓孩子贏在起跑點，還要贏得整個人生。

別和孩子比蠻力——爸媽要該放就放 定價260元

爸媽的教養難題得救了！孩子最想偷偷放在爸媽床頭的一本書！
精闢剖析二十五則常見親子問題×父母成長教室！
所有新手爸媽、中年爸媽、退休爸媽受用多多的教養新知！

盧蘇偉幫助現代人找回自己的心靈大作！

已出版50本暢銷書及有聲書、演講近5千場。
他25歲才讀大學，50歲才讀博士班，他以活躍熱情又積極的生命，告訴我們：人生的重建，以及探索自我，是我們一輩子的功課。

賞識自己 定價240元

如果你不要事事滿分，你就會滿足於你的九十九分！
如果自己是自己最大的敵人，那誰是自己最大的朋友？
如果連自己都不肯定、信任自己，那誰還能肯定、信任我們？
「賞識自己」是進入自己內在世界的門，學會賞識自己，你才能夠——諒解父母的不夠完美、接受孩子的不如預期、了解另一半的付出和努力！

十一號談話室——沒有孩子「該」聽話 定價260元

發生在十一號談話室裡的23個真實案例，告訴你——要孩子聽話才是最大的錯誤！「第十一號談話室」是盧老師在觀護所的談話室。盧老師最想傳達：沒有一個孩子「應該」是聽話、乖巧、孝順的；也沒有一對父母「理所當然」的必須永遠扮演付出的角色。只要充分了解自己扮演的角色，就不會有過多的期待，自然就能夠互相擁有彼此的愛。

不只要優秀——教養與愛的27堂課 定價260元

教出優秀的孩子，不難！但要教出充滿笑臉的孩子，卻不容易！
考第一名的孩子，臉上沒有喜悅；考第二名的孩子，選擇從樓上墜落；我們的孩子，怎麼了？愛是放手，是陪伴，是尊重，是傾聽，是體諒，是寬容。愛是讓對方成為他自己，做他自己。本書收錄二十七則盧老師輔導的真實故事，讓父母親們重新檢視愛的真諦。

看見孩子的叛逆 定價240元

親子專家盧蘇偉教你讀懂孩子的行為：看見隱藏在叛逆背後，那顆渴望被理解的心！
他頂嘴！他咆哮！他摔東西！他偷竊！他奪門而出！
孩子的叛逆隱藏著什麼樣的吶喊？！
「愛」與「被愛」都是不斷學習的過程，只要能將每段經歷都當成反省與觀察的機會；就能讀懂彼此的心，看見叛逆背後的真心話！

看見男人——搞定你的老公與兒子 定價250元

親子專家盧蘇偉最誠實的男人剖析，幫助你讀懂複雜而孤寂的男性內心！
戀母情結？性幻想？電車痴漢？外遇？偷窺？為愛傷人？
我的寶貝兒子、乖乖老公，他們到底是怎麼回事？！
盧老師最開誠布公的男性全方位剖析！幫助女人瞭解男人的傷；也幫助男人看見自我的內在苦悶！放下對抗與論辯的心，以愛的角度理解與接納，陪著家中的大小男人一起成長！

國家圖書館預行編目資料

看見自己的天才／盧蘇偉著
--二版.--臺北市: 寶瓶文化, 2016.1
面； 公分.--(Vision；132)
ISBN 978-986-406-039-9（平裝）

1.盧蘇偉 2.臺灣傳記

783.3886 104028235

寶瓶 AQUARIUS

Vision 132

看見自己的天才【全新經典復刻版】

作者／盧蘇偉

發行人／張寶琴
社長兼總編輯／朱亞君
副總編輯／張純玲
資深編輯／丁慧瑋　編輯／林婕伃
美術主編／林慧雯
校對／丁慧瑋・劉素芬
營銷部主任／林歆婕　業務專員／林裕翔　企劃專員／李祉萱
財務主任／歐素琪
出版者／寶瓶文化事業股份有限公司
地址／台北市110信義區基隆路一段180號8樓
電話／(02)27494988　傳真／(02)27495072
郵政劃撥／19446403　寶瓶文化事業股份有限公司
印刷廠／世和印製企業有限公司
總經銷／大和書報圖書股份有限公司　電話／(02)89902588
地址／新北市五股工業區五工五路2號　傳真／(02)22997900
E-mail／aquarius@udngroup.com

著作完成日期／二〇〇四年一月
初版一刷日期／二〇〇四年二月二十六日
二版一刷日期／二〇一六年一月十四日
二版三刷+日期／二〇二一年四月七日
ISBN／978-986-406-039-9
定價／三〇〇元

AQUARIUS 寶瓶 文化事業

愛書人卡

感謝您熱心的為我們填寫，
對您的意見，我們會認真的加以參考，
希望寶瓶文化推出的每一本書，都能得到您的肯定與永遠的支持。

系列：Vision 132　**書名：看見自己的天才【全新經典復刻版】**

1. 姓名：＿＿＿＿＿＿＿＿　性別：□男　□女
2. 生日：＿＿＿年＿＿＿月＿＿＿日
3. 教育程度：□大學以上　□大學　□專科　□高中、高職　□高中職以下
4. 職業：＿＿＿＿＿＿＿
5. 聯絡地址：＿＿＿＿＿＿＿＿＿＿＿＿＿＿＿＿＿＿＿

   聯絡電話：＿＿＿＿＿＿＿＿　手機：＿＿＿＿＿＿＿＿
6. E-mail信箱：＿＿＿＿＿＿＿＿＿＿＿＿＿＿＿＿

   □同意　□不同意　免費獲得寶瓶文化叢書訊息
7. 購買日期：＿＿＿ 年 ＿＿＿ 月 ＿＿＿日
8. 您得知本書的管道：□報紙／雜誌　□電視／電台　□親友介紹　□逛書店　□網路　□傳單／海報　□廣告　□其他
9. 您在哪裡買到本書：□書店，店名＿＿＿＿＿＿　□劃撥　□現場活動　□贈書

   □網路購書，網站名稱：＿＿＿＿＿＿＿　□其他＿＿＿＿＿＿
10. 對本書的建議：（請填代號　1. 滿意　2. 尚可　3. 再改進，請提供意見）

    內容：＿＿＿＿＿＿＿＿＿＿＿＿

    封面：＿＿＿＿＿＿＿＿＿＿＿＿

    編排：＿＿＿＿＿＿＿＿＿＿＿＿

    其他：＿＿＿＿＿＿＿＿＿＿＿＿

    綜合意見：＿＿＿＿＿＿＿＿＿＿＿＿＿＿＿＿＿＿＿＿＿＿＿＿＿＿
11. 希望我們未來出版哪一類的書籍：＿＿＿＿＿＿＿＿＿＿＿＿＿＿＿＿

讓文字與書寫的聲音大鳴大放

寶瓶文化事業股份有限公司

（請沿此虛線剪下）

廣 告 回 函
北區郵政管理局登記
證北台字15345號
免貼郵票

寶瓶文化事業股份有限公司 收

110台北市信義區基隆路一段180號8樓

8F,180 KEELUNG RD.,SEC.1,

TAIPEI.(110)TAIWAN R.O.C.

（請沿虛線對折後寄回，或傳真至02-27495072。謝謝）